LA DÉMARCHE COMPÉTENCE

Guy Jayne

Préface : Jacques Lauvergne
Postface : Hubert Landier

LA DÉMARCHE COMPÉTENCE

Dernière crise, non !
Dernière chance, peut-être !

© 2021 Guy Jayne

Édition : BoD – Books on Demand,
12/14 rond-point des Champs-Élysées, 75008 Paris
Impression : BoD – Books on Demand, Norderstedt, Allemagne
ISBN : 978-2-3222-6687-6
Dépôt légal : mai 2021

SOMMAIRE

Préface 7

Urgence ! 11

I – La Crise.
D'où venons nous, où en sommes-nous, où allons-nous ? 13
- Un constat : le monde est globalement plus riche qu'il ne l'a jamais été. 14
- Et pourtant... 15
- Le monde, et nous avec lui, change de plus en plus vite. 17
- Où allons-nous ? 19
- Dans cette tempête, que pouvons-nous faire ? 22

II – Une priorité : la démarche compétence ! 28
- D'où vient la démarche compétence ? 29
- La compétence, un concept encore mal circonscrit ! 35
- Ce que n'est pas la démarche compétence ! 40
- Les fondamentaux de la démarche compétence. 42
- La démarche compétences, les conditions de la réussite. 44
- Les points importants à travailler. 48
- Des supports et des outils importants de la démarche. 52

Quelques schémas pour illustrer la démarche compétence. 56

III – Les acteurs : leur rôle. 68
    1- L'entrepreneur, un philosophe en action ? 68

2- L'actionnaire, un promoteur de progrès
et de développement ? 74
3- L'encadrement, une fonction complète. 77
4- L'agent de maîtrise, le chef de groupe,
le hiérarchique de terrain, un manager
à part entière. 84
5- Le technicien, un générateur d'innovations. 88
6- Le ou la DRH, un visionnaire réaliste. 91
7- Le salarié, un acteur de la performance et de son
parcours professionnel. 98
8- Le représentant du personnel, un contre-pouvoir
indispensable. 104
9- Le législateur et le juriste, artistes du glaive
et de la balance. 111
10- Le temps, un incontournable. 119

Conclusion : Une mutation à portée de main. 121

Postface 123

Annexes 125
1 – Un témoignage : L'histoire du petit pocheur
en quatre virages 125
2 – Association Condorcet pour
l'Innovation Managériale 139
3 – Références 142

Préface

Le terme générique de compétence est largement utilisé dans le vocabulaire managérial. Si chacun connait le sens de ce mot, le management par les compétences (qui se différencie du management des compétences), nécessite davantage de développement. C'est l'ambition du présent ouvrage écrit par Guy Jayne en synthèse d'un livre écrit sur ce même sujet il y a quelques années, mais avec l'éclairage du contexte actuel. L'évolution du monde et en particulier en temps de crise, qu'elle soit sanitaire, économique ou les deux à la fois, nécessite de bouger très vite pour nous adapter. Or la crise accélère l'obsolescence des compétences. Lorsque nous passons de l'*homo erectus* à l'*homo sapiens* puis à l'*homo digitalus*, la capacité de l'Homme à s'adapter aux évolutions de son travail, voire à des remises en cause complètes, est un élément clé de la réussite ou non des transformations en cours.

De façon classique, la mise en œuvre de la capacité des salariés à être employé pourra s'effectuer par un travail sur les compétences, grâce à la formation. C'est nécessaire mais insuffisant. Plus difficile sera la mise en place d'organisations du travail plus responsabilisantes permettant, à chacun, d'exercer, à son niveau, la totalité de sa fonction. Mais un travail en commun avec les salariés et leurs représentants devra être engagé sur les conditions de l'employabilité dans ces nouvelles organisations du travail, grâce à un dialogue social professionnel de qualité, au plus près des situations de travail.

L'exercice vertical du pouvoir n'est plus recevable. Une réflexion sur une répartition différente du pouvoir dans ces nouvelles organisations rendra plus légitimes et acceptables les actions d'adaptation des entreprises dans les périodes de forte mutation, voire de transformation (ce mot a remplacé aujourd'hui celui de restructuration !).

Enfin, le lien avec l'amélioration des performances que génère cette approche devrait mettre un terme à une critique parfois formulée « d'anciens combattants » à l'égard de ce que nous appelons la démarche compétence (démarche parce que c'est un chemin toujours ouvert par opposition à la logique de poste qui est enfermant et sclérosant).

S'il s'agit de poursuivre le combat de la place de l'Homme dans l'entreprise avec pour objectif d'améliorer la performance de celle-ci, il n'y a plus d'ancien ou de nouveau combat, mais un combat permanent contre la tentation trop souvent constatée de faire l'impasse sur la première richesse de l'entreprise, son capital humain, fréquemment perçu comme une contrainte à gérer et non comme une ressource à valoriser.

Oui il faut continuer à oser. Est-ce la dernière chance ? Cela dépendra de chacun d'entre nous de mettre à profit les réflexions/actions proposées par Guy Jayne dans cet ouvrage.

Jacques Lauvergne
Président du GESIM[1] et ancien DRH d'Arcelor France.

---

1   Groupement des industries sidérurgiques et métallurgiques.

« Nous sommes tous sur le même bateau. C'est en pilotant ensemble qu'on apprendra à piloter et qu'on découvrira de nouveaux paysages. »

François. (Ouvrier à Isbergues, réalisateur de l'affiche reproduite en page de couverture).

Urgence !

Les entreprises et les administrations d'ores et déjà doivent de plus en plus se préoccuper simultanément des impacts techniques, économiques, financiers, et environnementaux de leur activité. Au-delà du capital financier, il leur faut donc évaluer aussi l'évolution de leur capital humain, social, sociétal et de leur trace environnementale en vue d'une évaluation de leur performance globale.

Evaluer le « capital humain » et son évolution impose d'en faire un inventaire sous forme d'audit. *L'Association Condorcet pour l'innovation managériale*, s'appuyant sur le savoir-faire reconnu de l'Institut international de l'audit social, a conçu un référentiel en vue d'une telle évaluation. Ce référentiel et son « kit d'utilisation » ont pour objet de servir d'outil d'analyse pour le dirigeant et les experts afin d'évaluer l'état des lieux et les progrès réalisés.

Conçu par l'ACIM comme un bien commun à la disposition des entreprises et des administrations intéressées (accessible sur le site Condorcet ACIM), il a pour objectif d'y voir clair et d'inciter les entreprises et les administrations à mettre les hommes et les femmes au centre d'organisations ad hoc du travail afin de développer durablement de la compétence collective et donc de la performance collective au niveau social, sociétal, technique, écologique et économique.

****

Cette présentation reprend, en le résumant et en l'actualisant, le manuel « *Organisation et logique compétence. Osons travailler autrement* », publié en 2012 sous l'égide de la Fondation Condorcet, aujourd'hui ACIM (Association Condorcet pour l'Innovation Managériale), ainsi que de l'Ipsas (Institution de progrès social des agents de la sidérurgie), membre du Gesim (Groupement des entreprises sidérurgiques et métallurgiques). Cette institution est un organisme paritaire qui travaille sur le thème du management par les compétences.

Après un état des lieux global cette publication propose un cheminement concret et argumenté pour passer en urgence d'une organisation centrée sur les postes de travail prescrit, vieux reste archaïque d'un taylorisme persistant, à une organisation centrée sur les personnes et leurs compétences (individuelles et collectives). Elle précise ensuite le rôle de tous les acteurs pour réussir ce changement de management et d'organisation du travail au plus près du terrain. Tout au long de cette présentation on insiste sur la nécessité de redistribuer les pouvoirs (décentralisation et subsidiarité).

I – La Crise.
D'où venons nous, où en sommes-nous, où allons-nous ?

La crise ? Quelle crise ? Où est la crise ? Le pire, c'est toujours ce qu'on comprend mal[2]. Le désastre est-il proche ? Peut-être bien[3,4,5] ! Les collapsologues le croient, ont-il raison ? Faut-il nous laisser aller au désespoir au fil des prophéties et de leurs certitudes démobilisantes ? Peut-être pas. Néanmoins il convient de regarder notre avenir en face avec lucidité et de nous y engager à fond pour qu'il devienne ce que nous voulons et non pas n'importe quoi. Nous ne devons pas nous laisser entraîner par le courant, les bras ballants, dans la sidération.

Chacun s'engage à partir de son expérience, de sa culture, de son éducation, de sa formation, des influences de son entourage. Il est nécessaire que chacun clarifie avec sérieux son point de vue sur l'état du monde dans lequel nous vivons et précise ses raisons d'agir. Nous devons éclairer les fondements de notre pensée afin de préciser, conforter ou réviser notre projet.

Pour préciser nos raisons d'agir, la sagesse nous commande sans doute de rester fidèles à nos mères patries : Jérusalem, Athènes et Rome[6] ainsi qu'aux fruits des Lumières

---

2   Michel Albert, *Le paris Français*, Paris, Le Seuil, coll. L'histoire immédiate, 1982.
3   Théodore Monod, *Et si l'aventure humaine devait échouer*, Paris, Grasset, 2000.
4   Pablo Servigne, Raphaël Stevens, *Comment tout peut s'effondrer. Petit manuel de collapsologie à l'usage des générations présentes*, Editions du Seuil, 2015.
5   Hubert Landier. *Renaissance. Réinventer le travail, réinventer l'entreprise, une urgence pour préserver l'humanité.* Editions l'Harmattan. 2008.
6   Jean Marie Paupert, *Les mères patries : Jérusalem, Athènes et Rome,* Paris, Grasset, 1982.

et sans doute aussi à certaines valeurs léguées par un christianisme qu'on retrouve dans les droits humains.

Notre ambition pourrait être de conduire une refondation du monde[7], de rechercher une culture pour une société plus humaine[8] avec l'espoir d'un siècle meilleur[9], et pourquoi pas l'amorce d'un nouveau monde[10,11,] ou tout simplement, et ce serait déjà une grande nouveauté, une économie empreinte d'éthique[12], tournée vers le réel avec des financements vertueux ?

Un constat : le monde est globalement plus riche qu'il ne l'a jamais été.

Notre pouvoir d'achat a été multiplié par quatre en un demi-siècle. La plupart d'entre nous possèdent voiture, téléphone, téléviseur, micro-ordinateur, tout l'équipement ménager, des livres aussi (peut-être pas suffisamment et pas assez lus). Beaucoup de Français partent en vacances. Nous sommes de mieux en mieux soignés. Notre espérance de vie[13] a plus que doublée en trois siècles et continue d'augmenter au rythme de près d'un trimestre par an. Il est de

---

7   Jean-Claude Guillebaud, *La refondation du monde,* Paris, Le Seuil, coll. H.C. Essais, 1999.
8   Jean-Baptiste Foucauld, *Les 3 cultures du développement humain*, Paris, Odile Jacob, coll. Sciences humaines, 2002.
9   Michel Albert, Jean Boissonnat, Michel Camdessus, *Notre foi en ce siècle,* Paris, Arléa, coll. Essai, 2002.
10 Jean-Claude Guillebaud, *Le commencement d'un monde,* Paris, Le Seuil, coll. H.C. Essais, 2008..
11 Pape François. *Laudato si',* Bayard, 2015.
12 Hugues Puel, *Une éthique pour l'économie : éthos, crise, choix,* Paris, Le Cerf, coll. Recherches Morales, 2010.
13 L'espérance de vie à la naissance n'est pas une prévision quant à la probabilité de l'âge du décès ; elle est égale à la durée de vie moyenne d'une population fictive qui vivrait toute son existence dans les conditions de mortalité de l'année actuelle.

plus en plus rare de perdre un bébé ou un petit enfant. Le troisième âge se donne une nouvelle chance avec le quatrième (une fille sur deux qui naît aujourd'hui sera centenaire nous dit-on). Les épidémies sont mieux contrôlées que du temps de la peste ou de la grippe dite espagnole. Nous mettons au point un nouveau vaccin en moins d'un an.

Nous sommes capables de communiquer avec la planète entière en temps réel, avec nos enfants, avec nos amis quand ils sont loin. Grâce à Internet nous avons accès gratuitement à toutes sortes d'informations pratiques, culturelles, scientifiques, historiques, politiques et autres. Les médias nous racontent le moindre événement heureux ou malheureux qui se passe à l'autre bout de la planète. La 5G va constituer un nouveau saut qualitatif en vitesse et en volume des communications.

Un certain nombre de pays qui connaissaient la famine se développent et rattrapent leur retard. Les dictatures sont, malgré de graves reculs, progressivement remplacées par des démocraties. La plupart des gouvernements ont signé la Déclaration des Droits de l'Homme. Phénomène unique depuis le commencement des temps, des pays se rapprochent pour créer l'Europe[14], avec difficulté certes, mais sans se faire la guerre depuis 75 ans.

Et pourtant...

S'il y a proportionnellement moins de pauvres, il y en a cependant toujours plus en valeur absolue, et ils sont relativement, et de plus en plus insupportablement pauvres. Certains sont menacés de mort. Des pays entiers restent désespérément pauvres face à des pays de plus en plus riches malgré leurs

---

14 Philippe Herzog, *Une tâche infinie. Fragments d'un projet politique européen*, Paris, Éditions du Rocher-Desclée de Brouwer, 2010.

graves poches de pauvreté. Tout le monde n'a pas la possibilité de manger à sa faim, d'avoir un toit, des soins et du travail. Toutes les femmes, tous les hommes et tous les enfants ne sont pas respectés comme des êtres humains ; mépris du corps, de l'âme et de l'esprit. Des jeunes se tuent par accident ou, plus triste encore, par suicide. Et la pauvreté même devient souvent misère[15], misère matérielle des pauvres, misère spirituelle des riches. Les droits humains sont encore très largement bafoués dans bien des pays dont certains pourraient déclencher de graves désordres mondiaux. La guerre fait encore rage ici ou là pour des intérêts locaux ou pour de sombres intérêts économiques ou de suprématie. Le terrorisme reste endémique. Les déviances voire les malversations de certains financiers, politiques ou patrons nous scandalisent. Les mafias, les trafiquants de drogues, d'armes, d'êtres humains... gangrènent nos sociétés. Les pays riches et développés consomment à grande vitesse les ressources naturelles de la terre et de la mer. Il n'y en aura bientôt plus assez pour eux, alors pour ceux qui aimeraient les rattraper, pensez donc! La température de notre atmosphère et le niveau de nos océans sont en train de croître de façon inéluctable. Les catastrophes climatiques sont de plus en plus graves et fréquentes. Le trou dans la couche d'ozone au-dessus de l'Antarctique est une menace dangereuse. La pollution de l'air, des rivières et des nappes phréatiques nous affole. Nos voitures, nos camions, nos bateaux, nos avions, certaines industries et nos déchets nous empoisonnent. Des pandémies s'invitent à l'improviste. La puissance de nos découvertes, en particulier en biologie, nous fait craindre le pire malgré le meilleur que certains nous font miroiter. Les puissants nous font parfois prendre les vessies pour des lanternes. Nous sommes submergés d'informations sans suites et sans réflexion. De grands médias nous font souvent prendre l'in-

---

15 Majid Rahnema, *Quand la misère chasse la pauvreté,* Arles, Acte Sud, coll. Essais Sciences, 2003.

cident pour l'événement et l'événement pour l'incident. Cette information excessive qui nous assiège nous rend progressivement impuissants à discerner l'important en train d'émerger du paysage général. La prolifération des messages vrais ou faux, véhiculés en particulier par les réseaux sociaux, ne facilite pas la compréhension de ce qui se passe dans le monde tel qu'il va. « Les communs » que définissent Jean Tirole ou Gaël Giraud, notre bien commun, comme la sécurité, les soins, la nourriture, le logement, l'eau, les mers, les poissons, les terres, les fruits, les légumes et les arbres, l'air, les minerais, le pétrole, la santé, l'enseignement, le beau, le vrai, les arts, le Cosmos... nous échappent. Ils échappent d'abord et dramatiquement aux plus démunis, aux plus fragiles, aux plus pauvres. D'un point de vue comptable, nous n'avons pas soustrait de notre bilan économique mondial le capital correspondant à tout ce que nous avons consommé de notre mère et sœur la terre, ni la perte de valeur consécutive à la dégradation de son environnement.

Le monde, et nous avec lui, change de plus en plus vite.

De fait, depuis une quarantaine d'années, nous vivons des mutations qui sont de véritables révolutions, un changement d'ère :

* Après la faillite du communisme[16], c'est le marché et la privatisation des biens, l'industrie financière et ses égarements, qui président à notre destinée[17]. C'est ce que nous appelons aujourd'hui « *le capitalisme ultra-libéral et financier* ».

---

16 Stéphane Courtois, Nicolas Werth, Jean-Louis Panné, Andrzej Paczkowski, Karel Bartosek, Jean-Louis Margolin, *Le livre noir du communisme. Crimes, terreur et répressions,* Paris, Robert Laffont, 1997.
17 Luc Boltanski, Ève Chiapello, *Le nouvel esprit du capitalisme,* Paris, Gallimard, coll. NRF essais, 1999.

* Avec le numérique, l'intelligence artificielle, le big data, la 5G, nous assistons au développement extraordinaire et incontrôlé des techniques de l'information, comme l'Internet et le téléphone portable aux multiples fonctions. Cette révolution est sans doute aussi importante que l'invention de l'écriture ou de l'imprimerie en leur temps[18]. Cette sorte de « Noosphère » chère à Pierre Teilhard de Chardin unira-t-elle le monde dans sa diversité ou le fera-t-elle exploser ?

* La biologie[19], la neurobiologie[20] et les nanotechnologies[21], nous ouvrent des possibilités d'expériences génétiques inouïes, guérisons inespérées d'une part, clonage, mutation voire augmentation de l'être humain d'autre part et sa marchandisation.

* Nous épuisons sans frein nos matières premières et nous empoisonnons au quotidien gravement notre planète. Près de 30 % de la population mondiale n'a pas accès à l'eau potable. Cela provoque actuellement environ 5 décès par minute sur notre planète. Le manque de nourriture inquiète tellement certains pays, comme la Chine, l'Inde ou le Japon, qu'ils achètent ou louent à titre préventif de grandes surfaces de terres cultivables hors de leur territoire.

* Les puissances mondiales changent de continents (Chine, Brésil, Russie, Inde, Afrique du Sud, Corée du sud...).

* Les tendances démographiques des nations et des conti-

---

18 Michel Serres, *Les nouvelles technologies : révolution culturelle et cognitive,* Conférence à l'Inria (Institut national de recherche en informatique et en automatique), 11 décembre 2007 ; et Gilles Dowek, *Les métamorphoses du calcul. Une étonnante histoire de mathématiques*, Paris, Le Pommier, 2007
19 Jean-François Mattéi (sous la direction), *Questions d'éthique biomédicale*, Paris, Flammarion, coll. Nouvelle bibliothèque scientifique, 2008.
20 Jean-Pierre Changeux, Paul Ricœur, *La nature et la règle. Ce qui nous fait penser*, Paris, Odile Jacob, coll. Sciences, 1998.
21 Jean-Louis Pautra, *Des puces, des cerveaux et des hommes. Quand l'électronique dialogue avec le cerveau*, Paris, Fayard, coll. Le temps des sciences, 2007.

nents posent de graves problèmes[22,23]. Une accélération prodigieuse nous a fait passer de moins de 1 milliard d'êtres humains il y a deux cents ans à 7,5 milliards aujourd'hui. Nous prévoyons que, malgré un certain ralentissement, nous atteindrons un pallier de 8 à 10 milliards en 2050 et 11 milliards en 2100. Alors que l'Europe se dépeuplera dramatiquement, certains pays peu développés, vont croître énormément. L'Afrique, par exemple, va passer de 1,2 milliards d'habitants aujourd'hui, à 2,5 en 2050. Sa moyenne d'âge sera de 30 à 35 ans alors que celle des pays occidentaux sera de 60 à 65 ans. Les pressions migratoires seront irrésistibles.

* Et maintenant, après la crise de 2008, le Covid 19 et les attentats islamistes, qu'est-ce qui pourrait nous surprendre encore au-delà de l'évolution gravissime des pollutions, du réchauffement de la planète et de la raréfaction des matières puisées dans notre sous-sol ?

La vitesse de ces mutations est phénoménale, beaucoup plus rapide que par le passé, elle excède nos capacités à les contrôler, à les maîtriser, à leur donner un sens[24].

Où allons-nous ?

Nos références occidentales, celles qui sont à la base de l'évolution de notre culture et de nos modes de vie, depuis l'Antiquité jusqu'à nos jours, ont-elles encore un sens pour nous Français et Européens ? La loi du plus fort ne va-t-elle

---

22 Hervé Le Bras, *Vie et mort de la population mondiale,* Paris, Le Pommier, coll. Le collège de la cité, 2009. Alfred Sauvy, *La terre et les hommes : le monde où il va, le monde d'où il vient*, Paris, Economica, 1990.
23 Sous la direction de Cécile Renoir, Rémi Beau, Christophe Goupil, Christian Koenig. Manuel de la grande Transition. Former pour transformer. LLL Les liens qui libèrent 2020.
24 Hartmut Rose, *Accélération. Une critique sociale du temps*, Paris, La Découverte, coll. Théorie critique, 2010.

pas l'emporter ? Nous inspirant d'Henri Dominique Lacordaire, nous pourrions nous interroger : « *Qu'est-ce qui empêchera le renard libre et puissant de manger les poules libres et faibles dans notre poulailler ouvert et démocratique ?* »

Certains parmi nous, désinvoltes ou pessimistes, pensent que le désordre du monde ne sera jamais maîtrisable, qu'il y aura toujours des riches et des pauvres. Ils constatent impuissants que les riches en argent prennent le pouvoir au niveau mondial et le garderont jusqu'à ce que nous soyons vraiment dans le mur. N'y sommes-nous pas déjà ? Notre planète n'est-elle pas en train de déjanter[25] ? Certains, chiffres à l'appui, le croient et nourrissent notre angoisse, nos découragements, voire notre désespoir.

D'autres, au contraire, expriment leur foi en la nature humaine et en ce siècle. Ils manifestent une « espérance durable ». Le pire est peut-être le plus probable, mais le meilleur reste possible, comme le croient Edgar Morin[26] ou Catherine et Raphaël Larrère[27]. Des jeunes et des anciens disent leurs raisons de croire que le XXIe siècle pourrait être celui d'un monde nouveau en construction, une avancée pour tous les hommes de notre planète, en particulier pour ceux qui aujourd'hui sont les plus pauvres, les oubliés de la croissance, les sans voix. Dans le grand maelström des réalités et des idées qui conduisent notre planète il faut être capable de détecter les faits, parfois minuscules qui, comme dans le passé, entraîneront de grands événements[28] inquiétants peut-être mais peut-être aussi réjouissants.

Que nous appartenions, individuellement ou collective-

---

[25] Patrick Viveret, *Pourquoi ça ne va pas plus mal*, Paris, Fayard, coll. Transversales, 2005.
[26] Edgar Morin, *La voie*, Paris, Fayard, coll. Essais, 2011
[27] Catherine et Raphaël Larrère, *Le pire n'est pas certain,* coll. Premier Parallèle. 2020.
[28] Edgar Morin, Patrick Viveret, *Comment vivre en temps de crise?*, Paris, Bayard, coll. Le temps d'une question, 2010.

ment, à une association, à un mouvement, à une fondation, à un syndicat, à un parti politique, à un service d'église ou en tant que simples citoyens, à quoi pouvons-nous nous rattacher ? À quoi devons-nous résister ?

Un certain nombre d'analyses et de constats sont largement partagés :
- le primat excessif accordé à la finance, au profit et au marché ;
- le pouvoir du capital qui souvent l'emporte anormalement sur celui du travail ;
- le gigantisme et la puissance de certains magnas qui échappent au contrôle des États ;
- la dangerosité de certaines prétentions scientifiques ;
- les injonctions simplistes des faux prophètes et des fausses doctrines qui nous promettent des lendemains qui chantent ;
- la vanité des solutions péremptoires proposées par des théoriciens sans expérience qui ne connaissent pas le terrain ;
- la non-légitimité des puissants qui se prétendent investis d'une mission civilisatrice ;
- la dangerosité de la montée des fondamentalismes, des séparatismes et des raisons qui les font naître ;
- le manque de crédit de ceux qui nous disent le bon chemin alors que l'extravagance de leur richesse les rend incapables de voir et de comprendre la vie des pauvres qui les côtoient ;
- l'incapacité de certains experts à saisir la complexité du monde et la nécessité de dialoguer avec modestie ;
- les affirmations sans nuance et sans humilité de ceux qui parlent haut et fort alors qu'ils n'ont ni l'expérience ni les savoirs sur les sujets abordés.
- le labyrinthe des messages sans queue ni tête propagés à profusion par les réseaux sociaux ;
- la difficulté de penser dès à présent à long terme au lieu de laisser éclater les problèmes et de les traiter dans l'ur-

gence comme les crises financières, les pandémies, les dérives écologiques et autres catastrophes de plus en plus graves et perturbantes...

Partant de ces analyses et constats que chacun pourra compléter, quels peuvent bien être nos principes d'action, nos raisons d'agir, notre engagement ?

Dans cette tempête, que pouvons-nous faire ?

Comme sur un bateau dans la tempête, après avoir contrôlé le matériel et étudié la météo, il faut se pencher sur la table à cartes, faire le point, prendre sa boussole, sa montre et son agenda. On ne peut pas traverser la mer en furie en restant au fond de la cale, tous hublots fermés, chacun dans son coin. Fruits d'une histoire et de conquêtes longues et difficiles, nous avons des valeurs et les principes d'action fondamentaux à sauvegarder sans jamais tomber dans le renoncement ou le fatalisme.

Ces valeurs, rassemblées dans les « Droits de l'Homme » et résumées dans notre devise « Liberté, Egalité, Fraternité » à laquelle nous ajoutons avec force « Laïcité », sont toujours d'actualité. Nous devons les défendre et les enrichir des apports des autres cultures de tous les continents. Le jeu de go (exister plus en créant de grands espaces) pourrait enrichir le jeu d'échecs (tuer l'autre en le mettant mat) alors que se développe l'engouement pour le jeu de poker (mentir pour gagner) ? Sans impérialisme et avec modestie, restons néanmoins fermes, créatifs et entreprenants sur ce qui fait notre originalité et notre richesse. N'oublions pas notre histoire : *« Les peuples sans mémoire n'ont pas d'avenir[29] »*.

Partant du stade où nous sommes, il est sans-doute pertinent de choisir :

---

[29] Jacques Delors, « Retrouver l'espoir européen », *Le Monde,* 7 avril 2010.

- le progrès, économique, technologique, écologique, social et humain, plutôt que la régression ou la stagnation. « *La où il y a de l'espoir règne la paix* » (Cicéron) ;
- les savoirs, l'expérience et les bons comportements, c'est à dire la compétence, plutôt que l'ignorance et la bêtise ;
- l'acceptation d'une nouvelle répartition des pouvoirs suivant le principe de subsidiarité plutôt que le centralisme et le pouvoir personnel ;
- l'écoute, le débat, la confrontation des idées et l'acceptation de la critique plutôt que la leçon, l'injonction ou la polémique : « *Je ne partage pas vos idées mais je me battrai jusqu'à la mort pour que vous puissiez les exprimer* » (attribué à Voltaire) ;
- la pluralité plutôt que la pensée unique : « *Quand on a comme seul outil un marteau, tous les problèmes ressemblent à des clous* » (Mark Twain) ;
- la responsabilité, en parole et en action, plutôt que la soumission ;
- la solidarité plutôt que la compétition effrénée ;
- la coopération, l'écoute, la participation et l'association plutôt que l'individualisme, « *On rêve d'être quelqu'un, on s'aperçoit qu'on est plusieurs ou qu'on est personne* » (Albert Jacquard) ;
- le respect du droit et de la justice plutôt que l'aumône ou la révolte ;
- l'égalité par la loi, la règlementation et la régulation plutôt que l'anarchie, « *Entre le fort et le faible, entre le riche et le pauvre, entre le maître et le serviteur, c'est la liberté qui opprime, c'est la loi qui affranchit.* » (Henri Dominique Lacordaire) ;
- la justice et le pardon plutôt que la vengeance ;
- la liberté de l'individu et la démocratie plutôt que le totalitarisme ou la dictature ;

- la raison critique plutôt que l'irrationnel ou, à l'opposé, le scientisme arrogant ;
- le courage plutôt que la peur, la paresse ou la démission : « *Qui veut faire quelque chose trouve un moyen, qui ne veut rien faire trouve une excuse* » (proverbe arabe) ;
- l'action lente, permanente, acharnée et profonde des petits pas et des petites victoires, plutôt que les bouleversements et la révolution dans l'urgence, « *Il y a deux sortes d'efficacité, celle du typhon et celle de la sève* » (Albert Camus) ;
- la confiance plutôt que la défiance ;

Et au-delà des règlements, des lois et de l'éthique, choisissons la fraternité, l'amour et le don plutôt que l'indifférence, l'insulte, la haine ou l'égoïsme.

Le progrès, l'innovation passent souvent par des chemins inhabituels, voire utopiques, parfois interdits par la loi ou les dogmes. Il faut oser résister ou aller à contre-courant, ce qui suppose sans doute la prise de risques, en jouant la stratégie des alliés de préférence à celle du pot de terre contre le pot de fer. L'envie d'entreprendre pousse au courage d'expérimenter de nouvelles façons de fonctionner en bousculant les usages et les routines, au niveau local par de petites choses, au niveau global en changeant de gouvernance, la tête dans les nuages, les pieds sur terre et les mains dans le cambouis, un œil ici et l'autre un peu plus loin. « *Il arrive que l'histoire récompense ceux qui s'obstinent, et qu'un rocher bien placé corrige le cours d'un fleuve[30]* ».

En plus des besoins matériels incontournables qu'il faut impérativement satisfaire, les hommes, les femmes et les groupes qu'ils constituent ont besoin de lien social et de voies d'accès au Spirituel, au Vrai et au Beau tout en donnant un Sens à leur Vie. Une part de leur bonheur en dépend.

Personne ne peut prétendre détenir seul, la ou les solu-

---

30 Emmanuel Mounier, *Esprit*, mars 1950.

tions pour construire un monde plus performant, plus harmonieux, plus humain, plus juste et plus solidaire. Dans une approche systémique – on ne peut plus traiter un problème isolément sans tenir compte en même temps de tous les autres qui lui sont adjacents – il est vital que tous les acteurs ensemble (experts, politiques, économiques, sociaux, associatifs, syndicaux, religieux et tous les citoyens de terrain) se parlent, s'écoutent, proposent, choisissent et décident de construire ensemble, dans la durée, des débuts de solutions ou simplement des essais de solution.

À partir d'une connaissance concrète du terrain, il est urgent de faire appel à toutes les compétences, à l'expérience et aux potentialités de tous les acteurs, y compris des plus modestes. Il est important que chacun ait le courage de ses convictions, qu'il les fasse connaître et, en cohérence, les mette honnêtement, lui-même, en pratique[31]. Que les hommes et les femmes, les anciens et les jeunes, les riches et les plus modestes, changent de lunettes, croisent leurs regards, leurs expériences et leurs attentes, et identifient les leviers capables de faire bouger l'existant partout où cela est possible, dès maintenant, progressivement, avec persévérance et sans nonchalance. Que chacun fasse connaître les expériences prometteuses afin d'affronter positivement, à partir de points de vue multiples et sans préjugés ou dogmatismes, les grands défis de ce XXIe siècle bien compliqué. Co-créateur du monde en devenir, chacun d'entre nous, quel que soit son statut, doit pouvoir être entendu et mettre en œuvre la totalité de ses savoirs et de son expérience, fondement de ses compétences opérationnelles (techniques, relationnelles, organisationnelles, économiques, de sécurité, environnementales, culturelles, artistiques, philosophiques, spirituelles, etc.) pour son développement person-

---

31 Freddy Sarfati, *L'entreprise autrement*, Paris, l'Harmattan, coll. Graveurs de mémoire, 2010.

nel comme pour celui des groupes dans lesquels et pour lesquels il travaille.

« Il n'y a pas de spectacle plus affligeant que celui d'un talent méprisé ou négligé, que celui d'un homme ou d'une femme que tourmente le sentiment de n'avoir pas rempli sa propre mesure. L'éthique cartésienne commande à chacun de trouver des voies grâce auxquelles il pourra, au moment d'une mort toujours possible, compter sa propre vie avec la certitude d'avoir fait toujours tout ce qu'il pouvait faire afin de se la rendre à lui-même présentable ». (Condorcet).

Si nous ne croyons pas que le monde puisse être meilleur, alors ce seront les brutes, les méchants et les cyniques (sans oublier qu'il y a en chacun de nous une part de brute, de méchant et cynique) qui prendront le pouvoir, et le monde ira plus mal[32]. Raymond Aron voulait écrire un livre sur toutes les bêtises qui ont conduit le monde aux pires catastrophes. Il y a plus longtemps encore Roger de Bussy-Rabutin, général sous Louis XIV et écrivain, disait : *« Je ne peux m'empêcher de faire réflexion que les plus fâcheuses affaires du monde commencent toujours par des bagatelles. »* Soyons donc lucides et courageux, évitons de les répéter, osons de nouvelles pistes à la lumière de ce que nous savons faire de mieux[33].

Osons ! C'est l'opportunité (Kairos) à ne pas rater ! La lâcheté coûte en général beaucoup plus cher que le courage ! Et le courage grandit au fur et à mesure que nous posons des actes courageux. *« Il est bon que chacun suive sa pente, pourvu que ce soit en montant »* (André Gide), sachant que, sur la même montagne, *« Tout ce qui monte converge »* (Pierre Teilhard de Chardin).

---

[32] Le Comité invisible, *L'insurrection qui vient*, Paris, La fabrique, 2007.
[33] Elena Lasida, *Le goût de l'autre, La crise, une chance pour réinventer le lien*, Paris, Albin-Michel, 2011.

Nous pouvons opter pour la « Règle d'or ». Cette maxime morale universelle attestée dans toutes les grandes religions et toutes les aires culturelles depuis le Ve siècle av JC nous propose de conformer notre vie à l'égard d'autrui sur ce que nous attendons nous-même de sa part : « *Ne fais pas à autrui ce que tu ne voudrais pas qu'on te fasse* » et « *Tout ce que vous voulez que les êtres humains fassent pour vous, faites le vous-même pour eux* ».

II – Une priorité : la démarche compétence !

Les occasions ratées.

Le déclencheur de toute innovation dans une entreprise, voire une administration, est souvent une contrainte sociale et/ou économique dont il faut sortir sous peine de disparaitre.

Aujourd'hui en 2021 comme en 2008, occasion ratée, les circonstances créent à nouveau, les conditions d'une évolution, voire d'une mutation[34] vitale et urgente. Ces dernières années, les occasions ratées ont été nombreuses. Elles se sont déjà présentées lors de la chute du mur de Berlin en 1989. Rien n'a été fait alors pour préciser les règles d'une nouvelle gouvernance mondiale ou d'un nouveau type de management et d'organisation du travail. Après avoir admiré de loin le système rhénan, « *Capitalisme contre capitalisme* »[35], on a magnifié le système anglo-saxon (Milton Friedman, inspirateur de Margaret Thatcher et de Ronald Reagan). Après avoir vilipendé le vieux taylorisme on y est revenu avec des « *habits neufs* »[36], souvent sans même s'en rendre compte. Le passage aux 35 heures en 1998 fut une fois de plus une opportunité ratée. La crise exceptionnelle que nous traversons et qui va probablement durer, nous presse à nouveau de changer de type de management et d'organisation pour passer rapidement à ce que nous appelons la « démarche com-

---

34 Jean-Marc Le Gall, « Une occasion historique de réformer l'entreprise », *Le Monde,* 8 juin 2010.
35 Michel Albert, *Capitalisme contre capitalisme,* Paris, Le Seuil, coll. Points, 1991 ; et Richard Farnetti, Ibrahim Warde, *Le modèle anglo-saxon en question,* Paris, Economica, 1997.
36 Guillaume Duval, « Les habits neufs du taylorisme », Alternative économique, n° 137, 1996.

pétence » initiée dans les années 1970. Cette démarche met les hommes et les femmes au cœur du fonctionnement des entreprises et des administrations. Elle leur permet d'utiliser la totalité de leurs compétences ainsi que leur expérience au sein d'équipes à large autonomie dans desquelles ils peuvent coopérer en confiance. Ce type d'organisation et de management leur donne de plus grandes possibilités d'évolution tout au long de leur carrière professionnelle. Leur employabilité s'en trouve constamment enrichie. Il s'en suit, pour les entreprises et les administrations, de fortes améliorations quant aux performances techniques, écologiques, économiques, sociales et sociétales dans la durée. Il ne faut pas rater cette ultime occasion qui pourrait bien être la dernière chance.

D'où vient la démarche compétence ?

« Compétence », « gestion des compétences », « gestion par les compétences », « le modèle de la compétence », « logique compétence », « démarche compétence », etc. Qu'y a-t-il derrière ces formules déjà depuis longtemps évoquées ? Est-il encore temps d'en parler ? N'y a-t-il pas là une mode déjà dépassée avant même de l'avoir sérieusement et largement expérimentée ? Il n'en n'est rien, le cheminement autour du concept de compétence est toujours riche et consistant. Incontournable !

En 1963, François Bloch-Lainé publiait un petit livre retentissant : « *Pour une réforme de l'entreprise* »[37.]

En 1974, Robert-Jean de Vogüé s'écriait : « *Alerte aux patrons, il faut changer l'entreprise* »[38].

---

37 François Bloch-Lainé, « *Pour une réforme de l'entreprise* » Paris, Le Seuil, 1963 ?
38 Robert-Jean de Vogüé, *Alerte aux patrons, il faut changer l'entreprise*, Paris, Grasset, 1974.

En 1975, Pierre Sudreau publiait, après avoir présidé le comité d'étude du même nom, « *La réforme de l'entreprise* »[39].

À la même époque, début des années 1970, à la Société métallurgique d'Imphy, avec Pierre Legendre, son directeur, Julien Pagès, son DRH, est né ce que nous appelons aujourd'hui la « démarche compétence ». Cette expérience fut reprise dans les années 1980 à Sollac Dunkerque, puis en 1990 dans la Sidérurgie Française, à Usinor avec Francis Mer. Et ça a marché, en France et sur d'autres continents !

Dans les années 1980, Olivier Lecerf, patron de Lafarge Coppée, inscrivait dans ses principes d'action : « *Mettre les hommes au cœur de l'entreprise* » car ce sont eux, disait-il, qui font la différence[40].

À la fin des années 1990, beaucoup de dirigeants et presque tous les syndicats semblaient d'accord pour développer ce nouveau type de management des ressources humaines et d'organisation du travail. Les livres, les thèses, les enseignements sur le concept de compétence sont nombreux. Ils sont souvent de qualité.

En 1998, le MEDEF en avait fait un axe prioritaire[41], puis s'en est désintéressé avant d'y revenir timidement avec Pierre Gattaz (2018) à l'instigation de l'association Condorcet (ACIM).

En 2000 le CJD a fait des propositions dans la revue PanoramiqueS sous le titre : « *La démocratie dans l'entreprise : une utopie ?* »[42]

Un certain nombre d'entreprises, petites, moyennes ou grandes, en ont maintenant une réelle expérience qui

---

39 Cf. Pierre Sudreau, *La réforme de l'entreprise,* Paris, 10-18, 1975.
40 Olivier Lecerf, entretiens avec Philippe de Woot et Jacques Barreau, Au risque de gagner, le métier de dirigeant, Paris, Éditions de Fallois, 1991
41 Journées internationales de la formation, Objectif compétences, Deauville, 1998.
42 Direction : Patrick Guiol, Yves Lambert, Olivier Sabouraud. *La démocratie dans l'entreprise : une utopie ?* PanoramiqueS. N° 46. 2000.

démontre l'efficacité économique, humaine, sociale, écologique et sociétale des organisations et du management basés sur les compétences individuelles et la compétence collective.

Beaucoup de consultants proposent toutes sortes d'approches et d'outils. Philippe Zarifian s'en est fait le champion par ses multiples publications[43] en parlant d'une « nouvelle logique ». Yves Lichtenberger, Michel Parlier, Guy Le Boterf, Olivier du Roy, d'autres dont la CFDT ont, chacun à leur façon, fait connaître cette piste novatrice qui ouvre sur de nouvelles façons de travailler, d'organiser, de former, de qualifier, de rémunérer, de faire progresser les hommes et les femmes dans les entreprises et les administrations. La démarche compétence améliore fortement la performance globale des entreprises et des administrations ainsi que l'employabilité, l'emploi et la satisfaction des personnes.

A signaler qu'à la fin des années 1990, des intellectuels avaient imprudemment annoncé « *La fin du travail*[44] » sous prétexte qu'il n'aurait plus la valeur de réalisation de soi-même[45].

En 2008, avec l'effondrement des subprimes et la chute de la banque Lehman Brothers, un grand chambardement financier a entraîné tout le monde, et plus particulièrement les Occidentaux, dans une crise profonde. On peut regretter qu'avec cette crise et l'accroissement de la financiarisation, beaucoup de chefs d'entreprise soient revenus aux vieux démons du taylorisme et de la centralisation à outrance.

En 2019 avec la loi Pacte (après la loi sur les 35 heures en 1998), une nouvelle opportunité se présente avec le lance-

---

[43] Philippe Zarifian, *Objectif compétence, pour une nouvelle logique,* Rueil Malmaison, Éditions Liaisons, coll. Entreprise & carrières, 1999.
[44] Jeremy Rifkin, *La fin du travail,* Paris, La Découverte, 1997.
[45] Dominique Méda, *Le travail, une valeur en voie de disparition,* Paris, Flammarion, coll. Champs Sciences, 1998.

ment par l'Etat des « Entreprises à mission », c'est à dire des entreprises qui se donnent statutairement une finalité d'ordre social ou environnemental en plus de leur but lucratif.

En 2018, à la demande du gouvernement, le rapport Nicole Notat / Jean Dominique Senard propose une approche intéressante.

Tout récemment Isabelle Ferreras, Julie Batillana et Dominique Méda avec *Le manifeste travail* relancent à leur manière, elles aussi, l'impératif de changer le travail.

La CFDT, depuis longtemps, milite en ce sens.

En 2020, la crise due au Covid 19 remet en lumière, avec encore plus de gravité, les mêmes difficultés que celles de 2008. C'est l'occasion d'oser enfin généraliser « la démarche compétence » au bénéfice du plus grand nombre : travailleurs, sociétés, entreprises, administrations, clients, fournisseurs, financeurs, l'écologie, l'État, en fait, la Société dans son ensemble. Une bonne occasion d'aider notre pays, c'est-à-dire tous les Français, à prendre une forte pente ascendante !

Pour certains, l'entreprise serait toujours le lieu de l'exploitation des employés par les employeurs. Cela hélas peut arriver et c'est regrettable, mais en fait, des enquêtes montrent l'attachement des salariés à leur entreprise, à ce qu'elle produit et même souvent à leur patron, en particulier dans les PME-PMI les ETI[46] et parfois aussi dans les grandes entreprises. Certes l'exploitation de l'homme par l'homme (« *et réciproquement* » comme disait Woody Allen) est à condamner, mais ne pas être exploitable, n'est-ce pas bien pire ? La « démarche compétence », en mettant la personne au cœur du fonctionnement des entreprises et des administrations, crée les conditions pour accroître leurs compétences, leur donner la possibilité de les mettre en œuvre et de se les faire payer. Outre l'amélioration des performances

---

[46] « *Climat et relations sociales dans les entreprises : vers un désengagement des salariés ?* », Cegos, 2008.

économiques et techniques, cela engendre de l'amélioration sociale, objectif valorisant pour les « entreprises à mission ».

Dans tous les cas, et c'était déjà la conviction de Montaigne, les femmes et les hommes ont besoin d'agir, d'avoir une activité salariée ou non, pour se sentir utiles, être reconnus par leurs semblables pour la totalité de ce qu'ils sont, de ce qu'il savent et de ce qu'ils sont capables de faire. *« Le monde ne sera heureux que quand tous les hommes auront des âmes d'artiste, c'est-à-dire quand tous prendront plaisir à leur tâche »* (Auguste Rodin). Si l'être humain demande à être pris dans sa globalité, avec toutes ses compétences et toutes ses potentialités, il a aussi besoin de pouvoir prendre en main son avenir là où il est, quel que soit son niveau dans la hiérarchie sociale[47]. Donner un sens à sa vie et pouvoir se fixer un objectif d'évolution est presque toujours un impératif personnel. Pour la philosophe du travail Simone Weil, le travail est une activité irremplaçable, car c'est dans le travail que l'être humain entre en contact avec le réel et sort du monde des illusions. Pour Esther Duflo, « *être utile* » est son leitmotiv et son moteur pour action. (Esher Duflo, française, prix Nobel d'économie en 1918 est une économiste de terrain, experte mondiale de la lutte contre la pauvreté). L'assistanat n'est pas une solution. Il vaut bien mieux avoir les ressources personnelles nécessaires pour conduire sa vie et accompagner celle des siens. Cette disposition d'esprit est plus répandue qu'on ne le dit. Bien que beaucoup de Français soient très critiques sur leur travail et leur environnement, allant jusqu'à dire que tout va mal, les mêmes souvent, quand on les interroge en tête à tête, disent qu'en ce qui les concerne ils se débrouillent plutôt bien et qu'ils ont assez de force pour faire face aux événements. Profitons de cette vitalité et de ce volontarisme qui semble contredire certaines

---

47 Maria Otéro, *Entre nos mains,* 2010. Le film raconte l'histoire de salariés bâtissant un projet de Scop pour sauver leur entreprise en dépôt de bilan.

enquêtes pour faire bouger nos façons de nous comporter et de travailler. Les derniers évènements montrent qu'il est urgent de donner la parole et des responsabilités au plus grand nombre sous peine de mouvements sociaux de plus en plus pressants, voire violents. Les « gilets jaunes » ou « les blouses blanches » en sont une illustration dont nous n'avons peut-être pas fini d'entendre parler. « *On ne refera pas la France par les élites, on la refera par la base. Cela coûtera plus cher, tant pis* », écrivait Georges Bernanos dans « Les grands cimetières sous la lune »...

Un ordre normatif qui place les éléments matériels (et notamment l'argent) systématiquement au-dessus des hommes et des femmes ne peut pas être durable. La vie humaine ne peut pas être totalement soumise à la logique de la finance. Il faut redonner au travail tout son sens et sa dignité car il participe à la grandeur de la personne.

La « démarche compétence » s'inscrit plus que jamais dans cette perspective. Il est urgent d'emboiter le pas de ceux qui ont décidé de s'y lancer !

On reparle beaucoup aujourd'hui, et c'est bien, de compétences, de formation initiale, de formation professionnelle et d'augmentation des rémunérations. On souhaite aussi réduire les inégalités de chances entre les personnes dès la plus petite enfance, en particulier par l'école. C'est bien aussi, et c'est même fondamental ! Alors il est temps de franchir le pas. Mais avant d'aller plus loin, il faut commencer par préciser ce que nous mettons derrière les mots et les concepts. Il faut éviter de retomber dans des bricolages ou des rafistolages de type humanisme paternaliste.

La compétence, un concept encore mal circonscrit!

Le concept de « compétence », malgré sa banalité et la fréquence de son emploi, n'est pas si facile à comprendre et à définir. La compétence n'est pas qu'un « *attracteur étrange[48]* ».

Habituellement « les compétences » désignent les pouvoirs, les aptitudes conférées à une autorité publique, un maire, un préfet, une juridiction, pour effectuer certains actes, instruire ou juger dans un procès. Ces compétences ne sont reconnues que dans le cadre de la loi. En dehors de ce cadre, les personnes ou les services sont réputés « incompétents » et ne sont donc pas autorisés à agir.

Moins connu, en géomorphologie la compétence qualifie un ensemble complexe de caractéristiques concernant le cours d'un fluide, comme par exemple son débit, la granulométrie de ses alluvions, sa densité, la pente de son lit. Une coulée de lave ainsi est plus « compétente » qu'un torrent d'eau claire parce qu'elle peut transporter d'énormes blocs de rochers, ce que ne peut pas faire le torrent en temps normal.

Il est éclairant de se souvenir aussi de l'origine du mot « compétence ». Le terme latin « *competere* » signifie « *tendre vers un même point* », il est formé de « *cum* » et de « *petere* », soit « *chercher à obtenir ensemble* ».[49] Par son étymologie, on comprend que le mot compétence sous-tend une action en commun, une coopération, ce qui nécessite un dialogue robuste, équilibré et durable.

Chacun y est allé de sa définition, de la plus simple : « *Un savoir-faire opérationnel validé* »[50] à la plus sophistiquée, « *La*

---

48 Guy Le Boterf, *De la compétence. Essai sur un attracteur étrange,* Paris, Éditions d'Organisation, 1997, 2010.
49 Le Robert, *dictionnaire* historique de la langue française sous la direction d'Alain Rey 1998
50 ACAP 2000. *(Accord sur la Conduite de l'Activité Professionnelle).* Usinor 1990.

compétence professionnelle est une combinaison de connaissances, savoir-faire, expériences et comportements, s'exerçant dans un contexte précis ; elle se constate lors de sa mise en œuvre en situation professionnelle, à partir de laquelle elle est validable. C'est donc à l'entreprise qu'il appartient de la repérer, de l'évaluer, de la valider et de la faire évoluer » (CNPF, 1998, aujourd'hui MEDEF). On n'a pas fini de « *repenser la compétence* »[51]. La première, la plus simple, est facile à retenir mais incomplète, la seconde, la plus sophistiquée, est plus satisfaisante pour l'esprit mais plus difficile à manier au quotidien et donc moins opérationnelle. De toute façon, aucune ne traduit précisément la réalité.

En fait, la compétence est quelque chose de compliqué qui s'élabore dans notre cerveau et qui se traduit par des actes qui passent au travers de notre réflexion, de notre mémoire, de nos paroles, de nos mains, de nos pieds, de nos différents sens, pour apprendre, répéter, comprendre des situations inédites, résoudre des problèmes, nous adapter à des environnements changeants, créer des œuvres d'art, éprouver des sentiments, sentir des choses cachées que tout le monde ne perçoit pas, ou ne perçoit pas de la même façon... Tout cela est la manifestation de ce que nous appelons « *l'intelligence* » sous toutes ses formes, mélange de forces physiques, sensorielles et intellectuelles, utilisant toutes les parties de notre être pour agir. L'intelligence que Jean Piaget définissait joliment *par* « *la capacité à comprendre, à inventer et à trouver des solutions pour s'adapter aux situations nouvelles* ». On ne peut appréhender la compétence que par ce qu'elle produit, par la façon dont elle le produit et le reproduit. Cette preuve matérielle, dans un milieu concret et opérationnel, en dit plus que le diplôme obtenu qui, lui, n'est

---

51 Guy Le Boterf, *Repenser la compétence. Pour dépasser les idées reçues : 15 propositions,* Paris, Éditions d'Organisation, 2008 – *Construire les compétences collective. Coopérer efficacement dans les organisations vet les réseaux de professionnels.* Paris, *Eyrolles, 2018.*

qu'une présomption de compétence. C'est dans l'action, dans des circonstances et des situations variées, comme le télétravail aujourd'hui, et pendant un temps suffisamment long, que l'on pourra apprécier et évaluer la maîtrise et le niveau de ces compétences. On comprend qu'il y a une part de subjectivité dans cette appréciation. A niveaux supposés égaux, ce qui est compliqué pour les uns est aisé pour les autres. Il est donc difficile de comprendre au fond comment on devient compétent et comment cette compétence fonctionne. La compétence est une capacité potentielle que nous portons en nous et que nous pouvons mobiliser avec plus ou moins d'intensité pour agir, réagir suivant les circonstances et l'environnement.

Il est à noter que pour que cette compétence puisse s'exprimer complètement il faut disposer de savoir-faire, de vouloir-faire et aussi de pouvoir-faire, c'est-à-dire de moyens et de l'autorisation de faire. Pour mettre en œuvre ces compétences on a parfois besoin de les combiner avec celles d'autres personnes. On est rarement compétent tout seul. On a généralement besoin d'un environnement, de moyens matériels, de collègues ou de collaborateurs, de soutien. Il nous faut aussi, bien évidemment, avoir l'autorisation d'agir. Disposant de ressources qui nous appartiennent nous devons être plus attentifs à ce qu'on nous demande qu'à ce qu'on nous commande.

Tout part donc du cerveau! Les neurosciences[52] élucident tout doucement les mécanismes de son fonctionnement. De son côté, la sociologie étudie les interactions dans les groupes humains. Il n'est pas inutile de s'intéresser à toutes ces approches pour approfondir le concept de compétence, mais pour « *agir avec compétence* » nous n'avons pas besoin de savoir exactement comment scientifiquement tout cela fonctionne. Nous devons simplement créer les conditions pour que

---

52 Jean-Pierre Changeux, *L'homme neuronal,* Paris, Fayard, 1985.

chaque personne puisse utiliser toutes ses compétences, les combiner, les accroître et, grâce à une organisation adaptée, ne jamais les laisser en friche. Ne nous trompons pas d'objectif, plus que la définition des compétences, ce sont les conditions de leur construction et de leur mise en œuvre qui comptent.

Nous retiendrons donc la définition la plus simple « ***Un savoir-faire, opérationnel, validé*** », celle que tout le monde peut retenir et utiliser au quotidien.
- Le « ***savoir-faire*** », c'est les connaissances, l'expérience et les comportements (que certains appellent « savoir être ») qui engendrent la capacité à agir efficacement dans un milieu avec des moyens matériels et humains donnés.
- « ***Opérationnel*** » veut dire que ce savoir-faire correspond aux besoins de l'entreprise ou de l'administration pour réaliser les produits ou les services qui sont leur raison d'être.
- « ***Validé*** » signifie qu'on a fait la preuve de cette compétence en situation de travail.

Le fait d'insister sur l'importance des compétences, leur mise en œuvre, leur développement et leur entretien est très important mais pas suffisant ! On doit aussi effectuer une véritable mutation organisationnelle que peu d'entreprises et pratiquement aucune administration n'ont effectuée. On peut, on doit travailler autrement, plus efficacement et plus humainement en modifiant profondément l'organisation du travail et la répartition des pouvoirs (délégation et subsidiarité). Au-delà des compétences individuelles, il est indispensable de développer aussi de la **compétence collective** et par voie de conséquence de la **performance collective** grâce à une façon de travailler adaptée. **Il faut changer de logique** ! D'une logique basée sur le poste de travail près-défini, il faut passer à une logique basée sur les compétences des acteurs, individuellement et collectivement.

Cette mutation concerne à la fois le management, l'organisation du travail, la formation, la classification, la rémunération, le parcours professionnel des personnes, et tout particulièrement la répartition des pouvoirs. Elle prend en compte une certaine conception de la personne, du travail, de l'être humain au travail, de l'entreprise, des administrations et de leurs finalités. Elle permet de satisfaire au mieux tous les acteurs que sont le client, l'actionnaire, le salarié, l'encadrement, le fournisseur, le contribuable, la cité, la société. C'est un pari sur les hommes et les femmes et sur leur place dans la stratégie de l'entreprise et des administrations. C'est une condition de leur survie à relativement court terme ! Leur performance globale, technique, économique, écologique, sociale et sociétale en dépend.

Les jeunes sont les plus exigeants. Ils ont souvent un sentiment d'impuissance. Leur avenir n'est pas clair, et la révolte en tente un nombre croissant. Quand leur travail les passionne, ils ne supportent pas qu'on ne s'intéresse qu'aux résultats financiers. Ils n'acceptent pas qu'un ordre normatif place les éléments matériels (et notamment l'argent) systématiquement au-dessus des personnes et que la vie humaine soit totalement soumise à la logique de la finance. Le stress les ronge, « *la sacralisation de l'individualisme* » (Marcel Gauchet) et le chacun pour soi les encercle et parfois les tente ! Quant aux plus jeunes, les adolescents, leur peur et leur scepticisme sont encore plus grands. Ils constatent qu'ils sont la variable d'ajustement de l'économie. Le fatalisme les menace, certains baissent les bras et acceptent leur sombre destin ou s'engagent dans des mouvements parfois radicaux. Ne pas prendre au sérieux cette crise de confiance[53] cette désespérance, ce ressentiment, c'est courir le risque de graves désordres humains et politiques. Il faut trouver les voies qui les conduiront de la peur à l'audace constructive, hors du conspirationnisme ambiant.

---

53 Olivier Galland, « *La crise de confiance de la jeunesse française* », Études, janvier 2010.

Cela ne relève pas seulement d'ajustements, de bricolages plus ou moins sophistiqués, mais d'un véritable changement de paradigme qui doit modifier les visions catastrophistes comme celle des déclinistes ou des collapsologues.

Ce que n'est pas la démarche compétence !

Les expériences multiples, voire des modes largement médiatisées depuis plus de trente ans, sont intéressantes, certes, mais n'ont pas franchi le pas pour sortir d'un taylorisme toujours très prégnant. Et de plus, pour toutes ces tentatives, combien de réformes non abouties[54] ! *La participation, l'enrichissement des postes, les équipes à autonomie élargie*, les outils de la *Qualité totale*, le *Lean management*, les *Six Sigma*, la *GPEC* (gestion prévisionnelle des emplois et des compétences), *la gestion par les objectifs, la gestion des compétences, la gestion par les compétences,* l'*Entreprise libérée*…, sont des démarches assurément honorables, louables, riches d'enseignements, néanmoins elles sont souvent restées au milieu du gué, assez loin de ce que nous mettons ici sous le vocable de « *démarche compétence* », et l'impact profond que cela induit dans l'organisation du travail.

Augmenter simplement les compétences de ses salariés n'a rien d'original, le taylorisme a toujours nécessité de plus en plus de compétences au fur et à mesure que les techniques et les procédés se complexifiaient. Faire un entretien individuel avec chacun de ses collaborateurs pour lui fixer des objectifs de production ou de formation n'a rien d'original par rapport à un taylorisme bien compris. Donner une augmentation individuelle à une personne qui en fait un peu plus et un peu mieux que les autres à son poste de travail, c'est toujours de

---

54 Danièle Linhart, Le torticolis de l'autruche. L'éternelle modernisation des entreprises françaises, Paris, Le Seuil, 1991.

la logique de poste. Enrichir les postes en donnant plus de responsabilité et d'autonomie aux opérateurs les plus compétents, c'est bien ce que Taylor encourageait avec beaucoup de bon sens. Développer la polyvalence pour que des personnes soient capables de tenir plusieurs postes donne de la souplesse au fonctionnement de l'entreprise mais ne remet pas profondément en cause les façons de travailler. Ecouter les gens et leur donner la possibilité d'exprimer leurs idées directement ou dans une boite à idée, c'est bien mais ça ne donne pas beaucoup plus d'autonomie. Prévoir les profils de compétences en fonction de l'évolution des techniques, des futurs départs en retraite ou des prochaines restructurations n'est toujours pas discriminant par rapport à une organisation taylorienne, surtout si c'est prioritairement pour préparer un plan social. Etre gentil, humain, dire bonjour tous les matins en arrivant dans l'établissement ou par téléphone quand on est en télétravail peut n'être qu'un paternalisme tout à fait convenable qui ne tourne pas le dos à Taylor. Tout cela n'est pas mauvais, c'est souvent le minimum indispensable pour ne pas disparaître, mais ce n'est pas, *stricto sensu*, ce que nous appelons ici « *démarche compétence* » par opposition à « logique de poste ». Beaucoup de ces entreprises n'ont pas conduit un véritable changement de perspective. Ces abus de langage finissent par décrédibiliser une démarche finalement non aboutie, en quelque sorte de la poudre aux yeux dont les effets sont très limités. L'incohérence entre le dire et le faire décourage les salariés qui supportent de plus en plus mal que ce que l'on fait soit en contradiction avec ce que l'on dit. De leur côté, les entrepreneurs, n'obtenant pas les résultats escomptés, sont déçus, les partenaires sociaux perplexes, et les observateurs non avertis, eux, en déduisent abusivement que cette démarche compétence n'a pas les vertus annoncées.

Les fondamentaux de la démarche compétence.

En fait la démarche compétence se situe dans la perspective d'une maîtrise progressive de l'activité professionnelle. Elle permet à chacun de se positionner dans cette progression en devenant acteur, entrepreneur de sa vie professionnelle. En quelque sorte, il s'agit de **donner sens au travail** afin de ne pas en faire uniquement une contrainte mais aussi un facteur de développement personnel tout en étant profitable à l'entreprise[55] ou à l'administration et à leur avenir. Dans cette optique, il s'agit d'une démarche qui tourne résolument le dos à toute parcellisation du travail, au concept de « poste de travail » unité de base de l'OST (Organisation Scientifique du Travail), habituellement appelée taylorisme – on devrait plutôt dire fordisme (production de masse + consommation de masse).

C'est en ce sens que la « démarche compétence » s'oppose radicalement à la « logique de poste ». Ainsi, les progressions professionnelles individuelles vont sanctionner la maîtrise de compétences de plus en plus élaborées et complexes, couvrant tous les domaines d'un métier à spectre large qui devient complet, métier qui comprend la technique mais aussi le social, le relationnel, l'organisation, la qualité, le contrôle, l'économique, la sécurité, l'environnement, l'écologique, le traitement de l'information… avec des compétences dites transversales, communes à un grand nombre de métiers et même à la vie privée. Toutes les activités s'inscrivent dans le cadre d'un fonctionnement collectif et non strictement individuel, ce qui implique la combinaison des compétences individuelles au sein d'un métier global d'où la création de compétences collectives. Cela conduit clairement à affirmer que la personne n'est pas affectée étroitement à un poste de

---

[55] John Rawls, *Théorie de la justice*, Paris, Le Seuil, 1989, cité in Jean-Baptiste de Foucauld, « Une France plus équitable ? », Études, janvier 2011.

travail mais qu'elle est membre d'un collectif qui prend en charge la réalisation complète ou d'une étape de l'élaboration d'un produit ou d'un service, qu'elle est reconnue pour les compétences dont elle a fait la preuve, l'organisation du travail s'adaptant pour les utiliser au mieux. Le système de classification et de rémunération en tient compte de façon équitable et cohérente.

Bien évidemment, il n'y a pas de solution standard, universelle, en réponse à tous les problèmes. La « démarche compétence » n'est pas une panacée du management, ni une nouvelle idéologie ou un nouveau mythe[56], mais les principes sur lesquels elle s'appuie sont le socle d'une transformation, d'un changement de paradigme dont l'efficacité ne fait pas de doute bien que la démonstration mathématique soit parfois difficile à faire car tout progrès est systémique, il résulte presque toujours de plusieurs facteurs dont on ne peut pas toujours évaluer la part.

Chaque entreprise, chaque administration est particulière, rien ne peut être plaqué tel quel comme un préfabriqué interchangeable ; le copier-coller ne marche pas, encore moins le copier-copier-coller. Chacune doit donc bien analyser sa situation de départ, choisir avec soin sa stratégie, sa cible et fixer l'itinéraire qu'elle prévoit de suivre. Les grands principes sont toujours les mêmes, mais la mise en œuvre implique du sur-mesure, du temps et une nouvelle répartition des pouvoirs[57] qui sont souvent la source de bien des résistances.

Comme pour tout grand projet, s'y lancer nécessite une préparation soignée. Bien avant de donner le coup d'envoi de la démarche, bien avant de définir la méthode et les outils pour sa mise en œuvre et son développement, il est impératif

---

56 Jean-Pierre Le Goff, *Le mythe de l'entreprise*, Paris, La Découverte, coll. Cahiers libres, 1992.
57 Henry Mintzberg, *Le pouvoir dans les organisations*, Paris, Éditions d'Organisation, 1986 ; et Jean Baechler, *Le pouvoir pur,* Paris, Calmann-Lévy, 1978.

de bien en préciser ses fondements, de se mettre d'accord sur les objectifs économiques et de production, sur les idées, les valeurs, les principes d'action concernant les hommes et les femmes, le travail, l'individu au travail, l'entreprise, la cité, l'entreprise dans la cité. Il est important de prendre le temps, en suivant le fil conducteur « *analyser, discerner, choisir, décider*[58] », pour que tout le monde (patron, comité de direction, encadrement, salariés, partenaires sociaux, politiques locaux et nationaux selon l'importance de l'entreprise) soit bien prêt à se mobiliser de façon cohérente et durable.

La démarche compétences, les conditions de la réussite.

On prend rarement la décision de changer quand tout semble aller bien. C'est devenu de plus en plus rarement le cas. Une direction se lance dans une telle démarche presque toujours quand elle y est acculée par une crise grave ou quand elle sent que cette crise est imminente. C'est souvent une question de survie. Nous y sommes ! Ce n'est pas toujours suffisant car on est parfois tenté par quelques bricolages qui peuvent être importants et sophistiqués mais qui ne remettent pas profondément en cause l'organisation au plus près du terrain et le management de l'entreprise ou de l'administration. Il faut donc qu'il y ait un bras de levier suffisamment puissant pour oser un tel changement. La crise actuelle est une nouvelle chance peut-être l'ultime occasion de changer de paradigme. L'enjeu donc est d'améliorer rapidement les performances techniques et économiques (innovation, productivité, qualité, coûts, stocks, délais, sécurité...), et les performances sociales (fiabilité sociale et hu-

---

[58] Laurent Falque, Bernard Bougon, *Pratiques de la décision,* Paris, Dunod, coll. Stratégie et management, 2009.

maine, absentéisme, flexibilité, adaptabilité, employabilité, évolution professionnelle des personnes, plaisir au travail).

On peut retenir en première approche six conditions majeures pour réussir un tel changement : l'engagement du chef d'entreprise, le temps, la stratégie des alliés, le suivi, la cohérence, la confiance.

1- L'engagement du chef d'entreprise : vision, valeurs, volonté, ténacité, courage.

Décider un tel changement suppose que le chef d'entreprise, même s'il est bien entouré, ce qui est nécessaire, ait une bonne **vision** des choses.

Choisir de mettre en œuvre la démarche compétence et sa logique centrée sur la personne plus que sur le poste de travail, sous-tend quelques convictions profondes sur les hommes et les femmes, sur leurs capacités à grandir, à innover, à se développer en prenant des responsabilités et à produire de la performance. On peut parler ici de **valeurs** personnelles.

Entreprendre une mutation d'une telle ampleur implique une grande **volonté**. Même s'il y a consensus, il faut être capable de convaincre, de résister aux tentatives de retour en arrière, au changement de priorités dans la multiplicité des contraintes, en particulier quand on est soumis aux conditions d'un système financier oppressant.

Gagner un tel pari sur les hommes et les femmes demande du temps et cela nécessite d'avoir de la **ténacité** pour aller jusqu'au bout de la démarche, sans stop and go. Pour résister aux éventuels détracteurs, internes ou externes, pour surmonter les aléas et incertitudes de la mise en œuvre, il faut aussi du **courage**.

2- Le temps.

La mise en œuvre d'une telle démarche demande d'y voir clair sur la réalité de l'entreprise ou de l'administration avant de s'y lancer. Les grands principes sont à respecter mais chaque entreprise ou administration est spécifique et demande du sur-mesure. Le copier-coller ne marche pas. Il faut prendre le temps d'analyser, d'écouter, de faire participer, d'expliquer, de réexpliquer, de convaincre, de négocier, de fixer les objectifs et la stratégie, de mesurer et de réajuster. En s'inspirant de Michel Crozier, on peut affirmer qu'on ne change la société ni par la Loi ni par décret ! Au grand chambardement, souvent dangereux et inhumain, il est préférable de suivre la politique patiente et continue des petits pas et des petites victoires en ne confondant pas « politique des petits pas » avec « politique du piétinement ».

3- La stratégie des alliés : l'encadrement, les partenaires sociaux.

L'encadrement doit être la cheville ouvrière de la mise en place d'une telle démarche, d'où son implication dans la préparation de la décision et sa responsabilité directe dans la mise en œuvre. Tout ne vient pas de la direction. C'est l'encadrement, et en particulier l'encadrement de proximité, qui doit faire preuve d'imagination pour trouver les solutions les plus adaptées aux situations locales et pour cela avoir les marges de manœuvre convenables pour agir efficacement.

En ce qui concerne les partenaires sociaux, quand il y en a, ils doivent être vraiment considérés comme des partenaires responsables capables d'apporter des idées, de faire remonter ce qu'ils sentent au niveau du terrain et exercer un véritable contrepouvoir pour empêcher la direction de se déconnecter de la base. Ainsi, associés dès le départ à la réflexion sur l'avenir de l'entreprise, respectés lors de la négociation d'un accord éventuel, tenus au courant sur la façon dont le processus de changement se met en place, on a toutes les chances d'avoir des partenaires qui prennent la part de responsabilité qui leur revient pour que l'entreprise réussisse sa mutation.

Il est important de soigner le dialogue social en dépassant les clivages dogmatiques ou idéologiques d'où qu'ils viennent. Le dialogue social ne se limite pas au dialogue institutionnel entre direction et représentants syndicaux. Il doit se développer aussi et surtout, au quotidien, tout au long de la ligne hiérarchique, avec tous les collaborateurs. On peut alors parler de dialogue professionnel. C'est ce dialogue qui, nourrissant le dialogue institutionnel, lui permet d'être complètement connecté aux réalités du terrain.

Il peut être judicieux, enfin, d'informer les médias qui peuvent aider à faire connaître la démarche, ceux qui la mettent en œuvre et à les encourager.

4- *La mesure et le suivi.*

Il est important d'avoir quelques indicateurs simples et pertinents pour apprécier l'état d'avancement du processus par rapport aux engagements pris et aussi pour apprécier dans toute la mesure du possible les répercussions sur les performances de l'entreprise et le climat social. Un tableau de bord adapté aux besoins sera un outil très utile pour faire des points de situations avec l'encadrement et les partenaires sociaux engagés dans la démarche.

5- La cohérence.

Une règle à respecter impérativement : « dire ce qu'on fait et faire ce qu'on dit », même dans les plus petites choses. Il est recommandé d'avoir une approche systémique : les politiques et les décisions de l'entreprise doivent être cohérentes entre elles. Quand des actions particulières, comme le développement des outils de la qualité ou autres (Lean management, 5S, GPEC, l'entreprise libérée, les démarches qualité...) sont lancées, il est très important que ces actions se consolident en évitant les éventuelles contradictions.

6- La confiance.

En respectant toutes les conditions précédentes dans la durée, on obtient quelque chose d'essentiel : la confiance. Sans elle rien n'est possible.

Il faut aussi, pour conserver cette confiance, éviter les stops en go. Les retours en arrière, la première bourrasque venue, la recentralisation de toutes les décisions, la reverticalisation du commandement entraînent une démobilisation du personnel d'autant plus perverse qu'elle ne se voit pas immédiatement. La cohérence dans la durée est un élément essentiel pour gagner et garder la confiance.

Les points importants à travailler.

Se lancer dans « la démarche compétence » implique de s'engager sur un chemin exigeant avec un certain nombre d'étapes incontournables qu'il faut ajuster, adapter à chaque cas particulier que représente une entreprise ou une administration.

1- Des métiers complets à spectre large.

Au-delà des compétences techniques indispensables, le métier comprend aussi des compétences liées au relationnel, à l'organisation, à l'économie, à la sécurité, à la qualité, au contrôle, à l'environnement, à la gestion et au traitement de l'information...

2- Des acteurs qui coopèrent.

Plus qu'un empilement de compétences individuelles, la coopération induit la combinaison de ces compétences, ce qui produit de la compétence collective au sein d'équipes responsables, autonomes et solidaires.

3- Des fonctions supports partagées.

Chaque fois que c'est possible, les équipes s'enrichissent d'un certain nombre de compétences qui étaient l'apanage des services supports comme l'entretien, la manutention, les méthodes, la qualité, le contrôle, la sécurité, l'environnement, les ressources humaines, le traitement de l'information...

4- Des possibilités de parcours professionnels et de progression pour tous les salariés tout au long de leur carrière.

Dans une organisation ouverte et communautaire, tous les collaborateurs peuvent évoluer en classification et en salaire régulièrement, sans numérus clausus, tout au long de leur vie professionnelle, dans son métier ou dans un autre, dans son entreprise, dans son administration ou dans une autre.

5- *Un encadrement qui travaille et fait travailler à son niveau.*

Chaque membre de l'encadrement est un acteur d'une équipe de direction locale. Il fonctionne comme un vrai manager au plus haut niveau de ses compétences. Il contribue à développer la cohésion de son équipe, il crée les conditions pour que ses collaborateurs donnent le meilleur d'eux-mêmes en utilisant individuellement et collectivement toutes leurs compétences, leur expérience, leur capacité d'innovation et de progression.

6- *Des organisations apprenantes qui évoluent et s'adaptent.*

L'organisation n'est plus figée comme dans la logique de poste taylorienne. Elle s'ajuste en fonction des nouvelles compétences progressivement acquises par chaque collaborateur grâce à ce type d'organisation, ce qui augmente les possibilités d'évolution des personnes et améliore l'adaptabilité et la flexibilité de l'entreprise ou de l'administration.

7- *Des contrôles de gestion simples et décentralisés, basés sur la mesure et les résultats.*

Une équipe responsable sous autocontrôle qui mesure elle-même sa production et ses résultats. Elle a donc les moyens et le temps de les relever et de les consigner dans un tableau de bord, de les analyser et de les commenter afin de se corriger et de progresser.

8- Un système de classification / rémunération centré sur les compétences, les performances et les résultats.

Il est souhaitable d'avoir un système de classification / rémunération simple afin qu'il soit compréhensible par tous. Il doit être managérialement compatible avec le degré d'avancement de l'organisation du travail. Outre les compétences individuelles, la rémunération peut prendre aussi en compte, individuellement et collectivement, les performances et les résultats de l'entreprise. Pour faire vivre le système, les augmentations individuelles sont privilégiées par rapport aux augmentations générales.

L'éventail des rémunérations doit être raisonnable, équitable, aux yeux de tous les acteurs de l'entreprise ou de l'administration ainsi que de l'environnement.

9- Des formations orientées vers l'enrichissement personnel, l'action et l'entrepreneuriat.

Outre les formations traditionnelles et permanentes, l'organisation du travail génère un accroissement continu des compétences. Tout évènement de la vie quotidienne est une occasion de formation que le management doit intégrer en temps réel sur le terrain. La formation économique est généralisée à tous les niveaux!

10- Des équipes responsables, sous autocontrôle, tournées vers le client (voire le patient), la création de valeur et le bien-être de ses membres.

L'organisation du travail dans les ateliers ou les bureaux se conçoit de plus en plus avec des équipes qui prennent en charge tout ou partie d'un processus. L'équipe ou l'unité de base sait quel est son territoire, sa raison d'être et ses responsabilités. Il y a consensus entre tous les membres de l'équipe. Ils coopèrent, ils connaissent leurs clients (leurs patients), leurs fournisseurs et leurs sous-traitants. Ils sont directement concernés par les enjeux : l'évolution et l'avenir de leur entreprise ou de leur administration. Les relations avec la direction sont construites sur la confiance et le dialogue social tout au long de la ligne hiérarchique, plus sur l'adhésion que sous la contrainte.

Des supports et des outils importants de la démarche.

Tout grand projet porte en lui des atouts et des risques. Avant d'aborder les supports et les outils de la démarche il est impératif d'identifier les enjeux financiers, économiques, techniques, écologiques et humains.

Bien poser un problème c'est déjà l'avoir à moitié résolu, dit-on parfois. A contrario, quand un problème est mal posé, toutes les solutions sont mauvaises. Notre culture de techniciens cartésiens nous conduit souvent, non sans raison, à penser qu'il existe une réalité objective, indépendante de nous et qu'il faut commencer par l'identifier, l'analyser et la comprendre. Une autre approche, complémentaire et moins familière, considère que nous avons, en tant qu'observateur, une influence sur les phénomènes que nous observons. L'objectivité, à proprement parler, n'existe pas. C'est nous qui, pour une part, construisons la réalité au travers de notre propre regard. Ainsi, notre perception des enjeux peut varier suivant les regards et par conséquent conduire à des orientations stratégiques différentes. **L'équipe de direction doit, elle aussi, jouer le jeu de la compétence collective et assurer ainsi une bonne gouvernance.** Pour appréhender toutes les facettes de la réalité il est nécessaire de croiser les regards, ceux de la production, du chercheur, du financier, du commerçant, du qualiticien, du juriste, du DRH, du personnel et de ses représentants.

Après avoir identifié les problèmes, trouvé des solutions, les avoir fait approuver et choisi une organisation cible, on peut s'attaquer aux outils. Mais attention de **ne jamais oublier les enjeux ! Il ne faut pas se tromper de cible.** L'enjeu n'est pas de construire ou d'acheter des outils, de trouver un consultant réputé. L'enjeu, c'est la survie, la pérennité, et l'avenir de l'entreprise ou de l'administration, l'amélioration de sa performance globale, en passant par la satisfaction de tous les acteurs qui la font vivre.

Cette mise en garde étant faite, voici néanmoins quelques supports et outils nécessaires pour la bonne mise en œuvre et la pérennité de la démarche compétence pour lesquels on peut se faire aider par un consultant approprié à la démarche et à notre écoute.

*1- **Des référentiels de compétences requises***, peu nombreux, concrets, centrés sur l'essentiel, rédigés avec la participation des opérateurs en utilisant les mots et le langage local en pensant aux évolutions inéluctables comme celles du numérique ou du télétravail.

*2- **Un échelonnement des classifications*** qui prend en compte les compétences des personnes et non la machine ou le poste auquel elles sont momentanément affectées. On n'est plus dans la logique « *à travail égal, salaire égal* » mais « *à compétences égales, classification et salaire de base égaux* ». C'est un changement important par rapport à l'usage.

3- Des entretiens professionnels entre le collaborateur et son hiérarchique direct, en se projetant à deux ou trois ans, avec des objectifs, des moyens et des délais. L'écoute et le respect mutuels sont des préalables.

4- *Une méthode d'acquisition des compétences* en continu qui utilise toutes les formes modernes de formation existantes, mais aussi toutes les opportunités offertes par le travail quotidien ou les évènements exceptionnels (commandes prises ou perdues, accidents ou presque accidents de sécurité ou de pollution, pannes ou dysfonctionnements...), d'où l'expression d'**organisation apprenante.**
La formation doit être ouverte à tous les collaborateurs, en particulier à ceux des niveaux les plus faibles.

5- *Une procédure de validation des compétences*, collégiale, en situation de travail, sous la responsabilité du hiérarchique. Surtout pas un examen de type scolaire !

6- *Une évolution des carrières et des métiers* grâce à l'augmentation des compétences et à l'adaptation constante de l'organisation du travail.

7- *Un système de rémunération* simple, cohérent, centré sur les compétences, les performances individuelles et collectives ainsi que sur les résultats de l'entreprise ou de l'administration.

8- *Des portefeuilles de compétences individuelles et collectives.* Les acteurs peuvent avoir un portefeuille de compétences individuelles qui leur sont propres qu'ils peuvent faire valoir pour progresser ou lors d'un changement d'emploi.

Les entreprises et les administrations peuvent, elles aussi, établir un portefeuille des compétences collectives pour apprécier l'évolution de son organisation du travail.

*9- **Une mise sous contrôle*** de la démarche avec un tableau de bord ainsi qu'un entretien de la dynamique par la direction, l'encadrement et les représentants du personnel. Effectuer des enquêtes pour apprécier le climat social est toujours très instructif pour éventuellement corriger la démarche (par exemple le référentiel Condorcet ACIM).

Quelques schémas pour illustrer la démarche compétence.

Comment sortir de la relation homme/poste?
Comme la cheville de son trou.

Olivier (voir ouvrages publiés)

Dans le premier schéma, les premiers opérateurs à gauche sont affectés à des postes qui n'utilisent qu'une très faible partie de leurs compétences et leur tête n'y joue pas un grand rôle. Dans ce cas, l'entreprise gaspille des compétences opérationnelles disponibles et le salarié est frustré de ne pas pouvoir montrer ce qu'il sait faire. Le dernier opérateur à droite, lui est en manque de compétences.

Le second schéma montre un parcours professionnel où la personne évolue idéalement de façon harmonieuse en fonction de l'augmentation de ses compétences en cohérence avec les compétences requises par les fonctions successivement occupées.

Daniel (DRH)

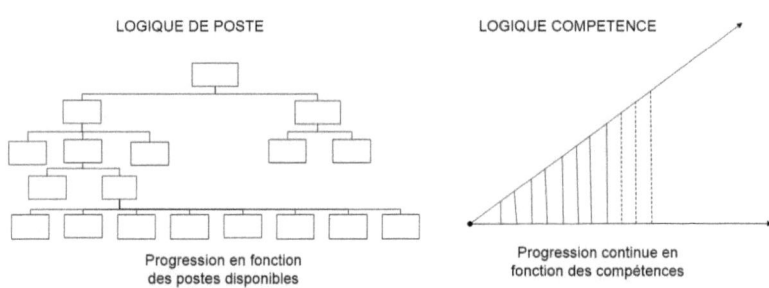

Ce schéma montre les limites de l'organigramme classique dans la logique de poste. On sait d'ailleurs que les organigrammes de ce type ne sont pratiquement jamais à jour. Comment progresser quand les marches supérieures de l'escalier de la promotion sont occupées ?

Olivier. Guy (voir ouvrages publiés)

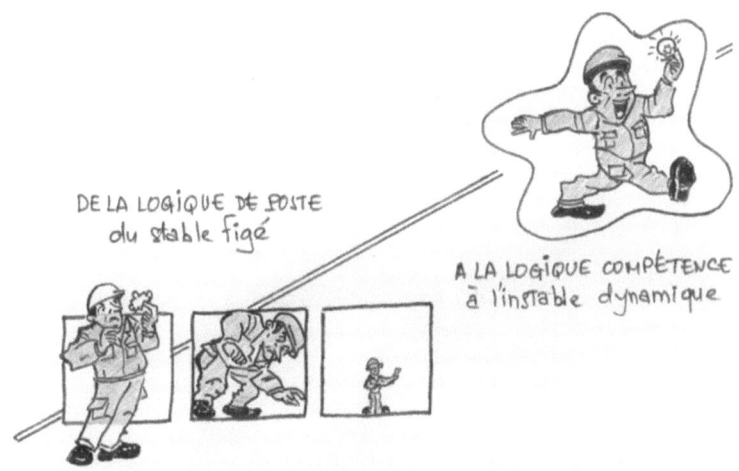

Ce schéma représente trois postes identiques et un emploi qui évolue.

Dans le premier, le titulaire a des compétences qui débordent largement les limites du poste : → gaspillage et frustration.

Dans le second, le titulaire s'y moule tant bien que mal : → stress.

Dans le troisième, il n'a pas toutes les compétences requises : → panique.

La dernière représentation illustre une organisation basée sur la démarche compétence, la fonction évolue en même temps que les compétences de la personne : → performance et satisfaction.

Olivier. Guy (voir ouvrages publiés)

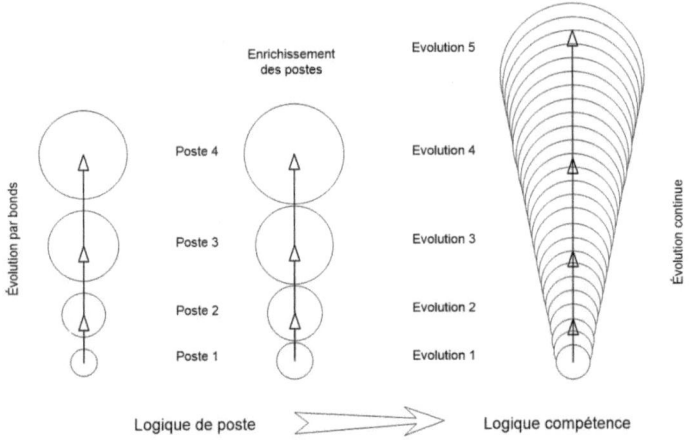

Dans la première configuration de ce schéma où les postes sont représentés par des cercles d'autant plus gros que le poste est important, on est dans la logique de poste stricte. Pour passer du plus petit niveau au plus haut, il faut passer successivement du poste 1 au poste 2 puis au 3 et enfin au 4. Si pendant un certain temps le titulaire du poste 2 est absent, celui du poste 1 peut le remplacer si on pense qu'il en est capable, au moins partiellement. Il recevra pendant ce laps de temps le salaire de celui qu'il remplace et il retrouvera son salaire d'origine quand il reviendra dans le poste dont il est titulaire. C'est au hiérarchique de trouver la solution à ces absences qui peuvent être dues à une maladie, un congé, une formation ou autres motifs plus ou moins inattendus.

Dans la deuxième représentation, la logique de poste a un peu évolué, les postes ont été enrichis. Ils sont représentés par des cercles un peu plus gros. Il peut aussi exister des polyvalents qui ont parfois de grandes difficultés à évoluer car l'encadrement les garde précieusement dans cet emploi.

Le dernier schéma illustre l'évolution des collaborateurs dans la démarche compétence. Le dessin représente l'ensemble d'un métier avec ses compétences de niveau croissant, jusqu'au niveau 5 supérieur à celui des configurations précédentes. On peut être affecté à un emploi de niveau 1 mais on a tout de suite la possibilité d'acquérir de nouvelles compétences, de les mettre en œuvre et de les faire valider. On travaille dans une équipe qui permet de progresser si on en est capable jusqu'au plus haut niveau, le niveau 5. Faisant équipe avec tous les collègues de travail, on fait à un moment donné l'activité qui convient le mieux au bon fonctionnement de l'équipe. Celui qui est au niveau 5 peut momentanément réaliser par exemple une activité de niveau 1 pour aider ceux qui la font habituellement. Les opérateurs ne sont pas rivés à une machine ou un poste mais s'organisent eux-mêmes en fonction des circonstances. Ainsi se forment plus facilement de véritables équipes solidaires, autonomes et responsables qui, de ce fait, ont de moins en moins besoin de hiérarchie et de supports extérieurs. La démarche compétence ouvre ainsi des possibilités d'évolution qui peuvent aller, comme le montre le schéma, largement au-dessus de celles des organisations antérieures.

Olivier Du Roy (consultant)

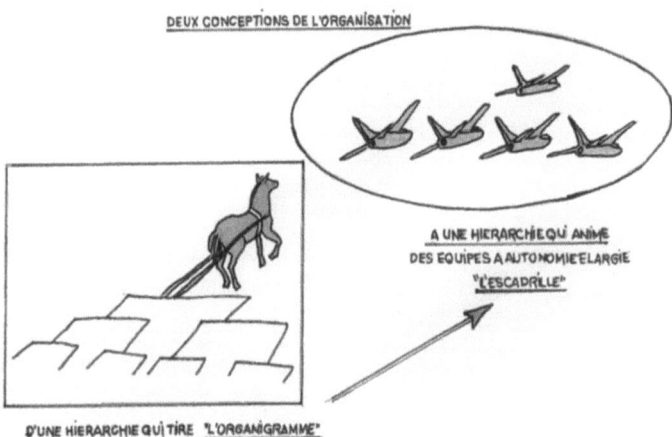

Ce schéma veut illustrer le changement d'attitude de l'encadrement qui de cheval de trait, tirant et contrôlant péniblement ses subordonnés, passe au chef d'escadrille bien plus dynamique.

Gerbaud. Robinet (agents de maîtrise à Imphy)

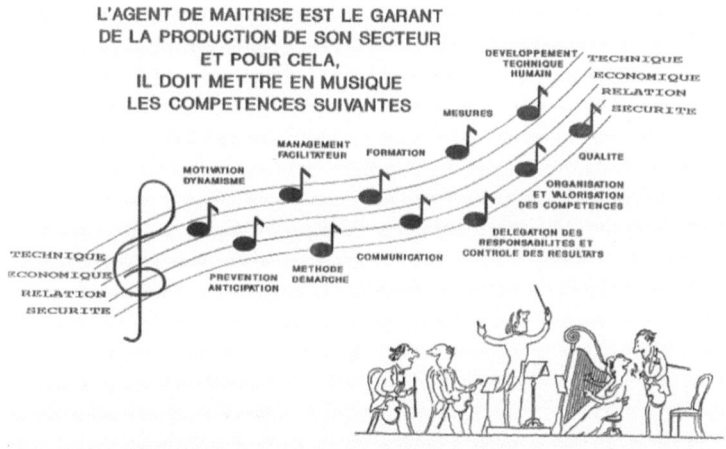

Ce schéma compare la fonction d'agent de maîtrise à celle d'un chef d'orchestre. Sans être plus compétent que chacun de ses musiciens, il est capable de les faire jouer ensemble avec plaisir sur le bon tempo. Avec la confiance il crée les conditions pour qu'ils donnent le meilleur d'eux même. Il devient un révélateur et un accordeur de talents.

Les deux croquis suivants illustrent le passage d'une organisation basée sur la logique de poste à une organisation basée sur la démarche compétence. On y passe d'une somme de compétences individuelles à une compétence collective.

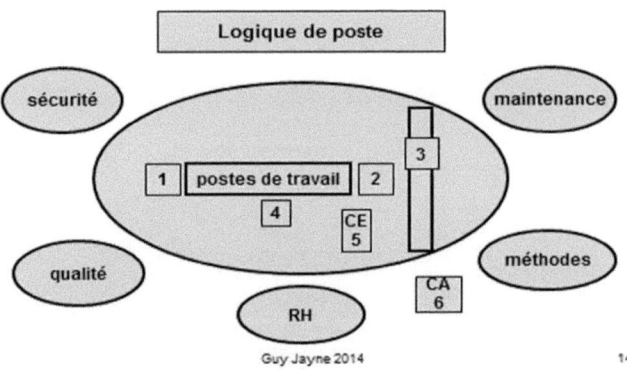

Le schéma ci-dessus représente une ligne de production avec un pont roulant (3) pour la manutention. Quatre ouvriers (1, 2, 3, 4) sont affectés nommément à quatre postes de travail prédéfinis et hiérarchisés. Un chef d'équipe (5) distribue et contrôle le travail. Un chef d'atelier (6) dirige un ou plusieurs ateliers et assure les interfaces avec les services clients, fournisseurs et supports. Les services supports, sécurité, qualité, ressources humaines, méthodes, et maintenance interviennent en tant que de besoin au niveau de l'équipe et des outils.

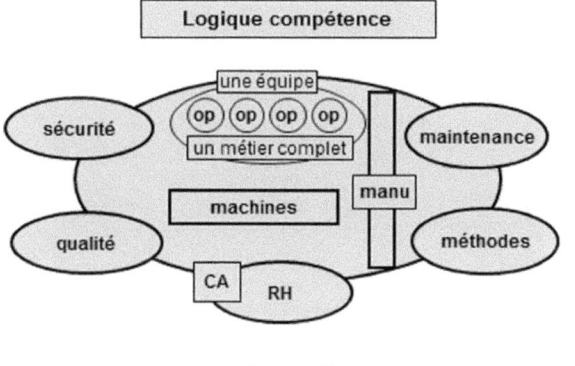

Guy Jayne 2014

Ce schéma représente le même atelier organisé suivant les principes de la démarche compétence. L'ensemble de l'équipe de quatre opérateurs (op) possède la totalité des compétences nécessaires au fonctionnement de l'atelier. Il n'y a plus de chef d'équipe. Les opérateurs s'organisent pour assurer au mieux la production et possèdent un certain nombre des compétences qui étaient précédemment détenues par les services supports (sécurité, qualité, RH, méthodes, maintenance). L'équipe connaît les coûts et tient son propre tableau de bord. Le chef d'atelier (CA) est le chef de son personnel. Il facilite la coopération entre les opérateurs et les aide à progresser professionnellement en fonction de leurs souhaits, des besoins et des possibilités de l'entreprise. Ce type d'organisation peut conduire au rapprochement de plusieurs ateliers de production. Il permet l'augmentation permanente des compétences individuelles du fait de l'élargissement du concept de métier. Elle génère de la compétence collective du fait de la responsabilité et de l'autonomie de l'équipe, et de la coopération entre les opérateurs au sein d'un métier complet.

Lien entre compétences, classification et rémunération
Bernadette (DRH)

****

Exemple de système de rémunération
Bernadette (DRH)

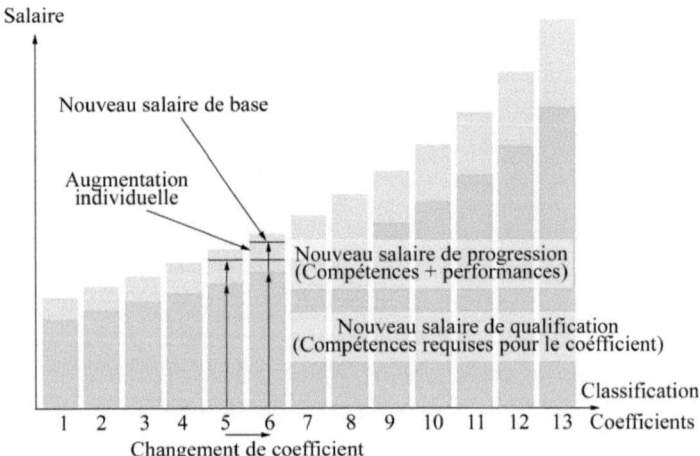

La démarche compétence : schéma général

Les outils
Les compétences requises (référentiels)
Les compétences acquises (validation)
L'entretien professionnel (objectifs, délais et moyens)

↓↓↓

L'acquisition de compétences
La formation et l'expérience

↓↓↓

L'organisation et le contenu des métiers
Travail en équipe
Plus de compétences individuelles et collectives
Plus de responsabilité
Plus d'autonomie
Plus de solidarité
Plus de coopération
Moins de niveaux hiérarchiques

↓↓↓

La classification et la rémunération
Non plus basées sur le poste mais sur les compétences, les performances et les résultats

↓↓↓

Les résultats
Performances. Agilité. Compétitivité. Durabilité.
Fiabilité humaine et sociale
Parcours professionnels
Employabilité et emploi

III – Les acteurs : leur rôle.

Les acteurs sont nombreux et tous indispensables, qu'ils soient dirigeants, entrepreneurs, membres de l'encadrement, DRH, salariés, techniciens, représentants du personnel, actionnaires, juristes ou législateurs. Le temps, dans l'urgence, fait aussi partie des acteurs. Il ne faut pas le négliger ! Chacun a sa spécificité et doit jouer sa partition, en coopérant et en harmonie les uns avec les autres. Les intérêts sont parfois complémentaires, parfois en opposition. Le dialogue, l'écoute, la bienveillance et la compréhension réciproque sont de rigueur. De la combinaison des compétences individuelles et de la confiance ainsi créées dépend la qualité et l'efficacité de la compétence collective qui en résulte.

1- L'entrepreneur, un philosophe en action ?

Gaston Berger, l'inventeur du concept de « prospective », disait que « *Le chef d'entreprise est un philosophe en action*[59] ». Cela peut paraître présomptueux voire hors de propos. Et pourtant, avant tout démarrage, il est absolument nécessaire d'avoir une réflexion en profondeur afin de préciser où nous voulons aller, pourquoi, comment, et donner ainsi consistance et sens à notre action.

La démarche compétence est basée sur des principes qui concernent à la fois le management, l'organisation du travail, la formation, le parcours professionnel de chaque personne, les performances, la fiabilité humaine et sociale, l'environnement de l'entreprise et sa pérennité. Ces prin-

---

59 Gaston Berger, conférence au CRC « Le chef d'entreprise, philosophe en action », Prospective.fr, 1955.

cipes se fondent sur une certaine conception de la personne, du travail, de la personne au travail, de l'entreprise et de ses finalités, de la société. Comment s'y prendre pour satisfaire au mieux tous les acteurs que sont le client, l'actionnaire, le salarié, l'encadrement, le fournisseur, le donateur, le contribuable, la cité, la société ? Cela nécessite bien quelques réflexions.

Pour apprécier les enjeux, fixer un but, définir une stratégie, bâtir un plan d'action, il faut comme un capitaine choisir son bateau et faire connaître son cap. « *Il n'y a pas de bon vent pour celui qui ne sait pas vers quel port il veut aller* » (Sénèque). Plus abrupt, Pierre Dac traduisait cet aphorisme par : « *Quand on ne sait pas où l'on veut aller, il ne faut pas s'étonner de se retrouver ailleurs* ». Au-delà de l'analyse de la situation et du contexte, il est utile de nous ouvrir à un questionnement d'ordre éthique et philosophique. Si le chef d'entreprise n'est pas un philosophe en action – un philosophe du concret – il risque de n'être qu'un mercenaire sans âme et peut-être bien sans avenir. Nous vivons une époque où nous avons un grand besoin de philosophie[60]. Plus on est pressé plus il faut prendre le temps du recul et de la réflexion.

Les entreprises qui ont un projet sociétal sont rares. Ne pas en avoir, à terme c'est une faiblesse. Les gens du dedans comme ceux du dehors ne se contentent plus des seuls objectifs économiques, ils sont aussi à la recherche de sens. La personne, le travail, l'entreprise, la cité, qu'est-ce que tout cela apporte pour donner du sens, du bien-être, et du bonheur ? Il est plus souvent question de « projet d'entreprise » que de « projet de société », mais l'entreprise peut-elle devenir un projet de société, certes non, mais comment s'y prendre pour qu'il y ait cohérence entre « projet de société » et « projet d'entreprise » ? Ces questions ont quelque chose

---

[60] Richard David Precht, « Qui suis-je et si je suis combien ? Paris, Éditions Belfond, coll. L'esprit ouvert, 2010.

à voir avec une réflexion philosophique sur l'évolution du monde tel qu'il va. Nous ne pouvons plus ne pas prendre en compte l'écologie, l'évolution des mœurs, l'épuisement des ressources, les pollutions, le réchauffement de la l'atmosphère ainsi qu'un certain délitement de nos fondamentaux et la perte de sens.

Rapprocher le chef d'entreprise du philosophe peut sembler paradoxal. Le premier n'est-il pas, par formation et par vocation, un homme d'intérêt tandis que l'autre ne serait qu'un chercheur désintéressé ? L'homme d'action n'a-t-il pas comme objectif la domination du monde tandis que le philosophe, en se détachant du monde, ne chercherait que la vérité et les valeurs ? D'autre part, il faut bien dire qu'être qualifié de « philosophe » ou « d'intellectuel », n'est pas aujourd'hui, toujours considéré comme un compliment.

Nous vivons dans un pays difficile à gouverner, à la fois dynamique et conservateur, individualiste et étatiste. Dans cette « *société de défiance* [61] », avec « *cette liberté de violence qu'est le pouvoi*r »[62], la confiance est difficile à gagner. Nous avons du mal à sortir d'un jacobinisme toujours très pesant.

Nous sommes tous avides de changement mais plus pour les autres que pour nous-mêmes. Pour nous engager, nous avons besoin que les voies proposées soient claires et raisonnables et qu'elles aient du sens. La vie de l'entreprise ou de l'administration s'articule autour d'une finalité que nous voulons connaître et que nous voulons solide. Ceux qui y travaillent s'unissent autour des actes posés par celui ou par ceux qui la dirigent. La persistance des manques dans la satisfaction de ces exigences peut entraîner de graves dysfonctionnements.

---

61 Yann Algan, Pierre Cahuc, *La société de défiance. Comment le modèle français s'autodétruit,* Paris, Éditions de la Rue d'Ulm, 2007.
62 Jean Moussé, *Cette liberté de violence qu'est le pouvoir,* Paris, Desclée de Brouwer, 1982.

On peut tolérer certaines choses chez un chef d'entreprise mais on ne lui pardonnera pas d'avoir été infidèle à sa société en n'ayant pas tout fait pour qu'elle vive et se développe durablement en y investissant toutes ses forces et toute son énergie, et encore moins de perdre le sens des réalités quant au montant des sommes d'argent qu'il manipule ou qu'il gagne, voire de basculer dans la corruption ou l'enrichissement douteux voire malhonnête.

On obtient des hommes et des femmes qu'ils fassent des sacrifices sans avantages immédiats. Ils peuvent les faire par nécessité, par empathie pour leur chef, pour rendre service à des collègues ou pour une action exceptionnellement importante. On obtient ces sacrifices lorsqu'on est respecté, estimé, voire même aimé. Et l'on est plus naturellement respecté, estimé et aimé quand on a soi-même du respect et de l'estime pour les autres. Dans la mesure où on se montre, non pas « gentil » mais compétent, équitable, cohérent et courageux, on inspirera toujours le respect et la confiance, et cela facilite bien les choses.

Être au clair sur la finalité de l'entreprise n'est pas neutre quant à son efficacité économique, humaine et sociale. Il est peut-être désuet de se demander quel sens les tailleurs de pierres donnaient à leur travail quand ils bâtissaient des cathédrales. Cassaient-ils des pierres, gagnaient-ils leur vie ou construisaient-ils pour la gloire de Dieu ? Ils ne se posaient peut-être pas la question, mais elle mérite d'être posée.

Le chef d'entreprise a des responsabilités morales vis-à-vis de tous les acteurs internes et externes de l'entreprise, mais aussi vis-à-vis de la communauté humaine, qu'elle soit nationale, européenne ou mondiale. C'est une grande responsabilité que de prendre en compte les conséquences que ses propres décisions auront sur son entreprise, sur son environnement, aujourd'hui et demain. Pour bien sentir cela, il suffit de mettre en évidence toutes les répercussions qu'ont les actions des autres sur notre façon de vivre et sur la santé économique et physique de son entreprise ou de son administration. Octave Gélinier disait : « *L'éthique enseigne les voies et les vertus qui conduisent au bien de chacun dans le cadre du bien commun, sans sacrifier le long terme aux facilités du court terme*[63] ». L'absence d'éthique peut conduire au chaos[64].

Les problèmes humains, sociaux et écologiques sont un autre point de rapprochement entre le chef d'entreprise et le philosophe. Rien ne se réalise sans les hommes et les femmes qui travaillent. Ce sont leurs compétences, leur esprit de coopération et leurs motivations qui, aujourd'hui, font la force d'une entreprise. Nous parlons de nos jours de « ressources humaines » : la personne peut être vu comme une ressource, mieux, comme une richesse, un capital, la principale richesse de l'entreprise dit-on parfois avec un peu d'emphase. Il est avant tout un individu, une personne libre et responsable. En tant qu'individu, la personne est un être compliqué qu'il faut apprendre à connaître. Si une machine est mue par des forces, une personne est touchée par des arguments, des sentiments, des émotions, provoquant plaisir, indifférence ou souffrance. Cette richesse humaine pourrait être évaluée et figurer au bilan, ou tout au moins, et on peut le faire dès à présent, dans ses annexes.

Le chef d'entreprise peut être obligé à certains moments de prendre et d'imposer ses décisions, mais dans la mesure où il s'adresse à des personnes libres et responsables, il doit les commenter, les argumenter, les justifier, au moins dans une certaine mesure. S'il ne peut pas toujours tout dire dans l'instant, néanmoins, quand il parle, il doit toujours dire la vé-

---

[63] Octave Gélinier, *L'éthique des affaires. Halte à la dérive,* Paris, Le Seuil, 1991.
[64] Jean-Loup Dherse, Dom Hugues Minguet, *L'éthique ou le chaos,* Paris, Presses de la Renaissance, 1998.

rité. Cela implique le respect des hommes et des femmes auxquels il s'adresse. La politique et le système d'information et de communication sont à soigner. La confiance des salariés dépend beaucoup de l'honnêteté et de la clarté des messages[65] : *« Prendre les autres pour des cons est le symptôme le plus certain de la connerie[66] »*, disait Yvon Audouard. Cela suppose aussi un certain savoir-faire dans la façon de s'adresser à eux.

Nous avons besoin de chefs d'entreprise cohérents, engagés dans la durée, capables de comprendre la société, d'écouter, de dialoguer, de donner du sens, de construire les repères nécessaires pour réussir l'interaction entre l'économique, l'écologique, l'humain et le social. Nous avons besoin de chefs moralement irréprochables. *« L'exemple d'une vie moralement supérieure est invincible »*, disait Albert Einstein, parlant de Gandhi. Le malaise de beaucoup de nos entreprises, dans un contexte international déboussolé, résulte peut-être aussi d'une crise spirituelle.

Comme le philosophe, l'entrepreneur a besoin de comprendre pour agir, et souvent pour agir rapidement. L'homme d'action, pressé, attache plus d'importance à la connaissance des faits qu'à la connaissance des lois auxquelles il n'emprunte que ce dont il a besoin pour que son action soit efficace. Pour lui, comme le disait Paul Valéry, *« Un fait mal observé peut être plus pernicieux qu'un mauvais raisonnement »*. D'autres, plus vulgairement, diraient : *« On n'apprend pas à faire du vélo en étudiant le plan de la bicyclette »*. Attention néanmoins de ne pas rester le nez dans le guidon. Il faut de temps en temps lever la tête et regarder un peu plus loin que le bout de son nez. *« Regarder l'avenir, c'est déjà le changer »* (Gaston Berger).

---

[65] François Gondrand, *L'information dans les entreprises et les organisations*, Paris, Éditions d'Organisation, 1990.
[66] Yvon Audouard, *Pensées provisoirement définitives*, Paris, Le cherche midi, coll. Les Pensées, 2002.

La grandeur de celui qui encadre ne va pas sans certaines servitudes. L'homme d'action est toujours obligé d'être l'homme du compromis, ce qui ne veut pas dire de la compromission. « *Agir c'est accepter de faire œuvre imparfaite* » (Lyautey). Affronter la sanction immédiate et grave, et prendre la décision qui s'impose nécessite plus de courage que la repousser en espérant – illusoirement – que d'autres éléments permettront de la peaufiner, voire de l'éviter. Il faut agir dans un monde incertain et l'incertitude ne concerne pas seulement les problèmes liés aux nouveautés techniques[67].

2- L'actionnaire, un promoteur de progrès et de développement ?

L'entreprise, certes, n'est pas une famille mais elle est une communauté de personnes[68]. Or seul l'apporteur de capitaux y est juridiquement reconnu. Le salarié, lui, vend son travail pour produire les objets ou les services qu'on a décidé de mettre sur le marché. Depuis les temps de l'esclavage de grands changements ont permis d'humaniser le travail des hommes et des femmes mais, dans le système capitaliste il est toujours très dépendant du pouvoir de l'argent.

L'évolution du capitalisme aujourd'hui plus qu'hier, peut inquiéter. Comme le dit Jean Peyrelevade, ce capitalisme est « triomphant » car maintenant sans concurrent, « dissocié » entre les dirigeants et les actionnaires auxquels ils sont soumis, et « autocentré » car incapable de s'autoréguler[69].

---

67 Michel Callon, Pierre Lascoumes, Yannick Barthe, *Agir dans un monde incertain*, Paris, Le Seuil, coll. La couleur des idées, 2001.
68 Gérard Mendel, *La société n'est pas une famille*, Paris, Éditions La Découverte, 1992.
69 Jean Peyrelevade, *Le capitalisme total*, Paris, Le Seuil, coll. La République des idées, 2005.

Michel Albert avait montré en 1991 l'intérêt du système dit « rhénan » qui reposait sur un pacte implicite entre managers et banquiers en vue d'une stratégie de long terme[70]. À l'opposé, le système « néo-américain » théorisé par Milton Friedman (conseiller de Ronald Reagan et de Margaret Thatcher), est fondé sur la médiatisation de la réussite individuelle, le profit financier à court terme et la possibilité pour les apporteurs de capitaux de retirer à tout moment, en les liquidant en bourse, tout ou partie de leurs actions. Comment travailler dans la durée avec des investisseurs zappeurs qui vivent dans leur bulle jusqu'à ce qu'elle éclate dans leur folie financière, plus préoccupés de l'augmentation de la valeur de l'action que de ce que produit réellement l'entreprise[71] ? Qu'entendons-nous par « création de valeur » : augmentation de la valeur de l'action ou résultats, croissance et pérennité de l'entreprise ? Il faudrait que les dirigeants d'entreprise reprennent un peu de poids par rapport aux investisseurs. Il est urgent que l'économie retrouve la raison[72] !

Si le salarié nous paraît encore bien insuffisamment pris en compte, on comprend néanmoins que sans entrepreneurs, sans chercheurs, sans argent et sans matières premières il ne peut y avoir de production. Quand l'entrepreneur est à la fois l'apporteur de capitaux et le producteur, il y a unité entre la finance et l'entreprise. L'entrepreneur propriétaire est autant intéressé, sinon plus, par le produit ou le service qu'il fabrique et qu'il vend que par le profit. A contrario, quand il y a d'une part l'entrepreneur qui a la responsabilité de produire et d'autre part le financier qui place son argent sans se soucier de ce à quoi il sert, il y a dis-

---

70 Michel Albert, *Capitalisme contre capitalisme,* Paris, Le Seuil, coll. L'histoire immédiate, 1991.
71 Édouard Tétreau, *Analyste au cœur de la folie financière,* Paris, Grasset & Fasquelle, 2005.
72 Claude Mouchot (coordinateur), *Pour que l'économie retrouve la raison,* Paris, Economica, coll. Economie, 2010.

sociation entre les intérêts et les objectifs de l'un, centré sur son entreprise, ses salariés, ses clients, ses fournisseurs, et les objectifs de l'autre, plus préoccupé par le profit financier.

Quand l'apporteur de capitaux est aussi l'entrepreneur (c'est souvent le cas dans les PME-PMI et les ETI), il a par nature une approche globale qui comprend en particulier l'organisation du travail et le rôle qu'il entend dédier aux salariés. Tant qu'il ne dépend pas de financiers externes il est relativement libre de se fixer un taux de rentabilité objectif et d'utiliser son bénéfice comme il l'entend, soit en le partageant avec les salariés, soit en le réinvestissant dans son entreprise, soit en le plaçant par prudence pour faire face à d'éventuelles difficultés. Parmi les multiples décisions et orientations qu'il a à prendre, il peut développer, sans contrainte extérieure, le mode de management qu'il préfère comme « la démarche compétence » par exemple. Et tous ceux qui ont bien compris l'intérêt de cette option s'y engageront dans leur propre intérêt et celui de leur personnel. Certains d'entre eux ont tenté des innovations en allant encore plus loin dans la participation de leurs salariés en créant des partenariats voire des coopératives.

L'actionnaire anonyme ou l'institution qui a pour principale ambition de faire fructifier son argent à court terme n'a pas les mêmes motivations. On sait les aberrations auxquelles ont conduit certains objectifs, comme par exemple d'imposer aux entreprises, à toutes les entreprises, de générer systématiquement au moins 15 % de retour sur fonds propres. Acheter et vendre en fonction uniquement du gain espéré très rapidement sans se préoccuper de la raison d'être des entreprises dans lesquelles on investit ou désinvestit laisse peu de place à la réflexion sur l'intérêt de mettre en place tel ou tel mode de management à long terme comme « la démarche compétence ». L'impératif du résultat immédiat peut même conduire à tourner le dos à ce type de management qui implique la durée. Il fut une époque, non encore révolue, où l'annonce d'un plan de licenciement entraînait automatiquement la hausse du cours de l'action. L'analyse de l'histoire récente de toutes les entreprises qui ont joué cette stratégie montre qu'elles ont été souvent perdantes sur le moyen ou le long terme.

Néanmoins il arrive que l'évolution de l'entreprise, du marché, des produits, des techniques, conduisent à une réduction d'effectif sous la forme d'un plan social. Il faut avoir le courage de le faire, certes, mais avec la préparation et les mesures d'accompagnement qu'impose le respect pour les personnes concernées. Et contrairement à ce que pensent ceux qui s'insurgent contre la réduction d'effectif alors que l'entreprise est encore bénéficiaire, il peut être judicieux de la faire à froid, quand on a encore les moyens de la conduire correctement, plutôt que de se soumettre en catastrophe à la pression des événements d'une entreprise déliquescente.

Face à la crise, les comportements diffèrent suivant les pays. Alors que la stratégie anglo-saxonne conduit à réduire immédiatement les effectifs considérés comme une variable d'ajustement, l'approche rhénane est plutôt de conserver au maximum son personnel, et donc ses compétences, moyennant des mesures organisationnelles et sociales adaptées afin de redémarrer sans délais avec un haut niveau de production lors de la reprise économique. Cette démarche commence heureusement à être prise au sérieux.

3- L'encadrement, une fonction complète.

On dit couramment que l'encadrement a pour mission d'exercer l'autorité. Mais qu'entend-t-on par autorité ? Nous avons souvent en tête une vieille image de l'autorité militaire avec ses abus et ses caricatures, aujourd'hui bien dépassée. L'autorité peut se décliner sous trois formes, « avoir l'autorité », « faire autorité », « exercer l'autorité ». Dans sa forme première, avoir l'autorité c'est avoir le droit d'exercer un pouvoir de commandement sur un certain nombre de personnes. Ce droit est donné par le responsable de l'organisation en vue d'atteindre des objectifs. Faire autorité c'est être reconnu comme un spécialiste, un expert dans un domaine particulier compte tenu de ses connaissances et de son expérience. C'est souvent l'un des critères de choix pour promouvoir une personne dans une mission de commandement. Étymologiquement : « *l'autorité c'est ce qui fait croître, progresser, avancer et grandir, ce qui permet et autorise d'accomplir une mission en en donnant les moyens* ». Cette dernière conception de l'autorité est particulièrement importante dans la mise en œuvre de « la démarche compétence », où l'on demande à l'encadrement de s'adapter à une organisation qui implique un mode de management favorisant l'autonomie des salariés et le travail en groupe. Les cadres, les agents de maîtrise, les chefs de groupe placés dans la ligne hiérarchique exercent donc l'autorité, celle qui permet aux acteurs et aux équipes d'assurer les missions qui leur sont confiées. Il faut insister sur l'importance de leur responsabilité dans l'organisation des conditions de réalisation du travail : le savoir « *manager en vérité*[73] » afin que chacun puisse, en toute dignité donner le meilleur de lui-même.

Parmi les aspects importants de la mission de l'encadrement nous retiendrons en premier l'appui technique, ce qui implique qu'il se maintienne à un bon niveau de connaissance pour bien maîtriser son métier. Il sera ainsi capable d'animer des équipes au travail afin d'utiliser et de faire progresser tous les savoirs et savoir-faire, de prendre les dé-

---

[73] Henri-Pierre de Rohan Chabot, *Manager en vérité. Des patrons et des hommes,* Paris, François-Xavier de Guibert, 2001.

cisions après avoir consulté toutes les parties concernées et compétentes, de faire circuler l'information pertinente, montante, descendante et transversale. C'est particulièrement vrai dans le télétravail qui se développe actuellement.

Une autre mission importante de l'encadrement est la gestion directe de ses propres « ressources humaines ». Il doit créer les liens entre les hommes et les femmes au travail et assurer ainsi l'efficacité de l'organisation. La dynamique engendrée par la prise en compte des compétences des salariés et de leur volonté de se réaliser par leur travail transforme d'une manière radicale l'animation des personnes considérées dès lors comme un atout décisif pour l'entreprise. Sous la pression des circonstances économiques, le facteur humain est malheureusement encore trop souvent considéré sous le seul angle quantitatif et on cherche à en réduire le coût en optimisant son utilisation dans une organisation figée. Les services spécialisés de la DRH assurent cette prestation d'ajustement en suivant les procédures qui s'imposent. Si de gros progrès ont été réalisés dans ces procédures, des dangers subsistent encore comme par exemple : substituer les moyens aux fins, apporter une réponse sans saisir la vraie question, modéliser les situations pour réduire la complexité, oublier la personne derrière les fiches métiers et les répertoires de compétence. La GPEC (Gestion Prévisionnelle des Emplois et des Compétences) peut conduire à des impasses quand les acteurs ne sont pas mis en situation de responsabilité pour agir sur leur propre devenir, quand les compétences sont analysées sans se préoccuper des motivations pour les mettre en œuvre, quand seules les compétences individuelles sont prises en compte alors que la performance collective ne résulte pas de la seule addition des compétences individuelles mais de leur interaction et de leur complémentarité.

Considérer les compétences utilisables de son personnel comme un élément central de l'entreprise conduit à une répartition différente des pouvoirs ; entre le patron et l'encadrement, entre l'encadrement et les opérateurs ou des employés ainsi qu'entre la DRH et l'encadrement[74]. Ce dernier est à même de définir les compétences requises par l'organisation qu'il fait lui-même évoluer. C'est lui qui peut déceler et apprécier les compétences de ses salariés, dont il favorise le développement en leur permettant de mettre en œuvre leurs savoirs et savoir-faire à la lumière de leur expérience. C'est lui qui peut, quand il le faut, adapter l'organisation pour s'appuyer au mieux sur les compétences, les motivations et l'esprit de coopération des salariés de l'entreprise. Seuls les responsables hiérarchiques peuvent assurer correctement cette mission sociale. Tout chef, dans sa fonction globale de gestion, doit pouvoir assurer avec une large autonomie la mise en œuvre de la technique, l'utilisation des outils, la maîtrise des approvisionnements, les relations avec les clients et les fournisseurs internes, éventuellement avec les clients et les fournisseurs externes. Il rend compte de ses résultats à partir des budgets qu'il a proposés ou qu'il a acceptés. Mais il est également responsable à part entière de ses collaborateurs, de l'emploi et de l'accroissement de leurs compétences, de leur employabilité. C'est lui le « chef de son personnel ». Néanmoins, cette migration de la fonction RH vers l'encadrement ne décharge pas la DRH de l'autorité et des compétences qui lui sont nécessaires pour former, aider, soutenir l'encadrement dans cette nouvelle mission, éventuellement corriger les dérives et apporter la méthodologie indispensable à la mise en place de ce nouveau type d'organisation.

Les cadres qui occupent les fonctions d'encadrement supérieur ne s'éloigneront pas de leurs agents de maîtrise, de leurs chefs de groupe, comme c'est parfois le cas quand ils

---

[74] Pierre Morin, *Le management et le pouvoir,* Paris, Éditions d'Organisation, coll. EO sup, 1991.

confondent délégation et sous-traitance. Leur rôle est de les écouter, de les soutenir, de les encourager et de leur apporter les moyens pour qu'ils puissent, en confiance, remplir correctement leur mission. Ils ont aussi le devoir de bien informer leur direction sur ce qui se passe sur le terrain, ce qui suppose qu'ils aillent au contact de leurs agents de maîtrise ou chefs de groupe et de leur personnel. Chaque responsable doit se sentir en quelque sorte membre d'une cellule de direction locale. La réduction de la ligne hiérarchique dont il est souvent question peut faciliter ce contact entre les hiérarchiques de direction et ceux du terrain, ce n'est pas un objectif en soi mais la conséquence d'une organisation qui s'appuie sur les compétences, la responsabilité, l'autonomie et la coopération entre tous les acteurs. En revanche réduire le nombre de niveaux hiérarchiques avant d'avoir analysé et fait évoluer l'organisation du travail est souvent voué à l'échec.

Le cadre, l'agent de maîtrise, le chef de groupe peut avoir dans son service ou dans son atelier des militants syndicaux. Adversaires ou concurrents ? Cela dépend de l'attitude de chacun d'eux, mais le rôle du responsable hiérarchique doit toujours rester premier dans la direction de son secteur de responsabilité. Dans le cadre de « la démarche compétence », les représentants des salariés sont normalement dans une situation de partenaires vigilants. Pour que ce partenariat fonctionne correctement, l'encadrement fera l'effort de connaître et comprendre ce qui les fait agir, ce qui les motive ainsi que leurs méthodes de fonctionnement. Un bon manager est un bon négociateur, capable d'analyser l'attitude et les comportements du militant et de les décoder[75]. Pour l'aider, l'entreprise prendra soin de former son encadre-

---

[75] Michèle Millot, Jean-Pol Rouleau, *Cadres : bien gérer vos délégués. Le syndicalisme dans l'entreprise*, Paris, Éditions l'Harmattan, coll. Questions contemporaines, 2004.

ment sur le syndicalisme et ses différentes composantes, dans un souci de faciliter un dialogue intelligent et constructif.

La direction a un rôle majeur pour faciliter la fluidité des relations entre l'encadrement et les représentants du personnel. Dans le respect de chacun, elle assurera au moins la concomitance et la cohérence des informations données aux représentants syndicaux et à la hiérarchie. Elle laissera la hiérarchie locale négocier ce qui est de son ressort car un conflit traité au niveau central ne doit pas rapporter plus aux salariés qu'une négociation bien menée rapidement au plus près du terrain par les responsables locaux.

L'encadrement doit comprendre qu'il est légitime qu'un syndicaliste puisse avoir lui-même une évolution de carrière intéressante. De par sa fonction de représentant du personnel, il acquiert des compétences spécifiques qui sont utiles à l'entreprise. Il peut être un facteur d'amélioration de la sécurité par exemple. Par ses relations, grâce à la confiance gagnée auprès de ses collègues, il peut dénouer bien des malentendus ou des anomalies dans le fonctionnement de l'organisation. Un bon syndicaliste est un pédagogue, un psychologue, un formateur, un communiquant, un homme ou une femme d'action, et aussi un contre-pouvoir nécessaire. Pourquoi ne pas lui reconnaître ces compétences dans un référentiel et donc le faire bénéficier de la classification et de la rémunération correspondante ? Ses compétences pourront être un jour utilisées encore plus explicitement dans une fonction classique au sein de l'entreprise. La GPEC pourrait s'appliquer aux représentants du personnel. La fonction syndicale est une fonction à part entière et ne devrait pas freiner l'évolution professionnelle de ceux qui s'y impliquent, au contraire[76]. Jouer gagnant/gagnant est sûrement la meilleure façon d'améliorer la performance globale de l'entreprise.

---

76 Jacques Lauvergne (DRH chez Arcelor), « Dialogue social : l'école de la vie en entreprise », *Responsable,* n° 361, MCC, 2005

Sur le plan strictement professionnel, il est souhaitable que la présence au travail du syndicaliste lui permette de conserver ses compétences et même de les faire progresser. C'est quasiment un impératif pour qu'il assume correctement sa mission de syndicaliste et pour la bonne gestion ultérieure de sa carrière. Cela suppose de négocier avec lui pour organiser son temps de travail afin qu'il soit suffisant pour ne rien perdre de ses qualités professionnelles. C'est une assurance aussi pour lui de garder le contact avec son métier, et donc de maintenir une réelle représentativité par rapport à ses collègues. Manager ainsi les syndicalistes en les valorisant est également un encouragement pour le personnel à s'engager pour un temps dans cette responsabilité dont tout le monde a besoin, les salariés comme l'entreprise, petite ou grande.

Comme on le voit, la fonction d'encadrement est multiple et prenante. Est-il souhaitable de rester toute sa carrière professionnelle dans une telle fonction, certes passionnante mais parfois épuisante ? Entrer dans la ligne hiérarchique, si on en est capable, est certainement une belle progression dans sa carrière, en sortir n'est pas forcément un retour en arrière, ce peut être une opportunité pour changer et « regonfler les accus ». « *Occuper pendant longtemps une haute fonction ne vous remplit pas la tête, mais vous la vide* » (Henry Kissinger). Une telle mission représente de nos jours une réelle pression sur ceux qui l'acceptent, mais tous ne l'acceptent pas. Il faut aussi savoir décrocher à temps car il n'est pas souhaitable non plus qu'une entreprise ne soit dirigée que par des anciens. Comment faire accepter, surtout en France, une telle évolution dans le parcours professionnel de ceux qui encadrent ? Cela se prépare, s'organise, s'accompagne très tôt.

Avant de proposer une mission de commandement à un opérateur ou à un employé, il faut bien évidemment faire une analyse complète de ses compétences. Un bon professionnel, un bon technicien, un bon spécialiste ne sera pas forcément un bon manager. Certaines promotions ont fait d'un bon technicien heureux un mauvais manager malheureux. Pour apprécier les compétences de ceux auxquels on pense pour tenir une fonction d'encadrement il est souhaitable de croiser les avis de personnes d'horizons différents. Le DRH a en général un rôle important dans cette appréciation.

4- *L'agent de maîtrise, le chef de groupe, le hiérarchique de terrain, un manager à part entière.*

Il y a aujourd'hui, pour l'agent de maîtrise, le chef de groupe, le hiérarchique de proximité, une nécessité et une opportunité sans précédent de devenir un vrai manager. Bien des éléments rendent cette évolution incontournable, le départ des anciens et l'arrivée de jeunes bien formés avec des exigences personnelles nouvelles, les nouvelles technologies, les systèmes de gestion en temps réel, les organisations avec des équipes à autonomie élargie, des opérateurs ayant des fonctions étendues avec les métiers complets que génère « la démarche compétence ». Le télétravail engendre une particularité qui demande d'inventer, d'expérimenter et d'ajuster avec soin une organisation, des moyens de communication et d'attention particulière aux personnes. Cela demande une sérieuse réflexion avant son lancement.

Si l'agent de maîtrise, le chef de groupe, ou celui qui en tient lieu, est, et doit rester un hiérarchique technique, sa technique ne se situe plus au même niveau, elle n'est plus celle du premier ouvrier d'atelier ou du premier agent de bureau qui sait mieux faire que les autres, d'où son autorité. C'est par sa capacité à maîtriser les problèmes techniques dans une optique proche de la conduite de projet qu'il s'impose : il définit les priorités, rassemble les compétences nécessaires, apporte la méthodologie, choisit la solution, décide des moyens et pilote sa mise en œuvre. Son rôle est plus global, il compose, à l'intérieur ou à l'extérieur de son équipe, avec des compétences qui peuvent être supérieures aux siennes. Lui comme ses opérateurs ou collaborateurs peuvent faire appel à des techniciens chaque fois qu'ils rencontrent un problème qui dépasse leurs compétences. Sa position d'appui technique le situe plus souvent comme conseil pour formaliser des savoir-faire, les transmettre, pour former, déléguer et contrôler. Il doit savoir gérer de la coopération et de la communauté d'intérêt.

L'agent de maîtrise ou le chef de groupe n'est plus le dernier maillon de la ligne hiérarchique à avoir des objectifs. Les équipes d'opérateurs ont, elles aussi, les leurs. Ces objectifs, l'agent de maîtrise ou le chef de groupe ne se contente plus de les distribuer, il aide ses équipes à se les donner en fonction de ceux de l'entreprise, des moyens et des ressources dont elles peuvent disposer. Cette approche par les objectifs suppose des compétences de négociation, de délégation, d'établissement de tableaux de bord. C'est un management réellement participatif et non simplement associatif. Dans ce type de fonctionnement, les équipes sont capables de s'engager, de mesurer leurs résultats, de les analyser, d'expliquer pourquoi et comment elles les ont atteints ou non, de proposer les corrections à apporter et de se fixer de nouveaux objectifs.

L'agent de maîtrise ou le chef de groupe est responsable de la production, produits et services, il assure les relais et l'interface entre les différents services et hiérarchies de son environnement, il assure le bon fonctionnement de son secteur en optimisant l'organisation du travail, les moyens et les ressources dont il dispose, il représente l'entreprise dans ses relations avec les clients, les fournisseurs, les entreprises extérieures qu'il peut rencontrer.

Il ne se contente plus de vérifier que les ordres ont bien été exécutés mais, par une démarche d'audit, il vérifie les méthodes de travail et les savoir-faire mis en œuvre, s'assure que les opérateurs ont bien assimilé les méthodes et les procédés de fabrication, qu'ils ont bien compris ce qu'ils faisaient, qu'ils sont capables de reproduire de façon fiable et intelligente ce qu'ils ont réalisé et qu'ils auront les bonnes réactions en cas de situation dégradée.

Il est responsable de la formation de ses opérateurs. Le processus de validation collégiale des compétences en situation de travail, piloté par le hiérarchique, est un puissant moyen de promouvoir les salariés. Avec l'entretien professionnel, l'agent de maîtrise ou le chef de groupe est le principal gestionnaire du développement professionnel de son personnel. Par son pouvoir sur les augmentations individuelles, sur le changement de classification et sur la mobilité fonctionnelle de son personnel, l'encadrement de proximité dispose d'un réel pouvoir managérial.

Lourde tâche diront certains, mais aussi, combien de simples chefs d'équipe se sont révélés à l'occasion de cette mutation d'excellents agents de maîtrise ou chefs de groupe au grand étonnement de leur hiérarchie, dont ils ont fait parfois apparaître les insuffisances.

Le style de management de l'agent de maîtrise ou chef de groupe a déjà bien évolué. Beaucoup sont devenus des animateurs, des formateurs, des conseillers, des chefs selon le mode dit des « relations humaines ». Dans le cadre de « la démarche compétence », avec le changement en profondeur des organisations du travail, avec des opérateurs et des techniciens qui deviennent progressivement des gestionnaires, le rôle de l'encadrement ne repose plus simplement sur un style ou sur un comportement managérial, mais sur des compétences nouvelles pour piloter des situations de travail complètement différentes. L'agent de maîtrise ou le chef de groupe, encadrement de proximité, a de moins en moins en face de lui des exécutants, qu'ils soient professionnels ou non, mais des équipes responsables, capables de s'auto-organiser, capables de mesurer et de suivre les objectifs de progrès qui ont été négociés. Il en résulte un repositionnement de la fonction de responsable d'encadrement avec de nouveaux profils de compétences. Une formation les aidera à remplir convenablement leur fonction mais pour qu'elle soit réussie il est impératif d'identifier leurs besoins concrets en analysant avec eux, sur le terrain, les situations réelles qu'ils vivent. Le pilotage du télétravail en particulier demande des compétences bien spécifiques à ne pas négliger. Le télétravail est parfois le révélateur de certaines faiblesses managériales des encadrant de proximité.

Redéfinir les missions de l'encadrement de proximité implique de redéfinir aussi celles des échelons du dessus, en allant du bas vers le haut. L'évolution de la fonction de l'encadrement de terrain modifie en général celle de son propre chef. Pour mieux prendre en compte l'ampleur de son évolution, on est parfois conduit à changer son appellation (Superviseur, leader...). Ce nouveau type de management suppose un climat de confiance. Pour cela l'encadrement de terrain doit avoir les compétences nécessaires bien sûr, mais il doit aussi et surtout pouvoir compter sur le soutien de sa hiérarchie, qui lui assurera les moyens et les marges de manœuvre indispensables pour tenir ses engagements.

La fonction d'agent de maîtrise ou de chef de groupe ne s'arrête pas aux objectifs à court terme de son atelier ou de son bureau[77]. Elle le conduit de plus en plus à participer à la gestion à moyen et à long terme des évolutions techniques,

---

[77] Olivier du Roy, *L'encadrement de proximité,* Anact, 1997.

humaines, économiques de son secteur. Il fait donc lui-même partie, dans sa ligne hiérarchique, d'une équipe de direction locale dont il partage les objectifs et les responsabilités. On aura compris que plus que le statut cadre/non-cadre, c'est le contenu de la fonction qui importe.

La transformation de la fonction du responsable de terrain provoque, il faut le signaler, une forte sélection dans cette population. Les agents de maîtrise traditionnels, simples donneurs d'ordres voire « gardes-chiourmes », ne résistent pas à cette évolution organisationnelle. Pour ne pas en faire des martyrs et bloquer l'évolution considérable de la fonction, certains, incapables de s'adapter, retourneront dans la filière des opérateurs ou des techniciens dont ils sont issus, souvent pour leur plus grand soulagement.

5- *Le technicien, un générateur d'innovations.*

Si le domaine de l'encadrement est davantage celui du management des hommes, le domaine du technicien est plus celui de l'expertise technique. Entre le manager et le technicien, on fait plus souvent allusion à la différence des statuts alors que c'est la spécificité et la complémentarité des fonctions qu'il faut mettre en valeur. Certes, pour être crédibles, l'agent de maîtrise, le chef de groupe, le chef de service doivent posséder une certaine expertise technique, mais cette expertise est plutôt l'apanage du technicien, du spécialiste ou de l'expert. Ces derniers peuvent bien sûr avoir à manager des équipes de techniciens mais leurs compétences sont plutôt centrées sur les savoirs théoriques, la résolution de problèmes, l'invention de nouveaux produits, de nouveaux procédés, la création, etc. Néanmoins, au-delà de son cœur de métier, le technicien, de plus en plus, doit être aussi capable de travailler en équipe, de piloter un projet, de former des opérateurs (ce qui suppose souvent un réel savoir-faire opérationnel), de prendre en compte les clients, les objectifs financiers de l'entreprise, les problèmes de qualité, de sécurité et d'environnement, etc. Il faut ici prendre « technique » au sens large : techniques industrielles, de sécurité, financières, informatiques, traitement de l'information, ressources humaines, organisationnelles, médicales, commerciales, etc.

Comme pour la filière managériale, la filière technique comporte une hiérarchie, depuis le technicien de terrain jusqu'à l'expert en passant par le spécialiste :

* Au niveau le plus élevé, l'expert, par ses compétences, son savoir spécifique et pratique est capable de traiter certains problèmes ardus et cruciaux pour l'entreprise. Ses facultés de conceptualisation, de synthèse et de créativité font de lui une force de proposition et d'entraînement pour les opérationnels. L'expert est en général reconnu au-delà de l'entreprise par ses pairs, au niveau national voire au-delà.

*Le spécialiste est valorisé par son savoir et son expérience ainsi que par sa capacité à traduire dans les faits le savoir et les nouveautés proposés par les experts. Un spécialiste qui réussit peut devenir un expert.

* Le technicien, plus proche du terrain, peut faire partie d'un groupe de techniciens dans des bureaux d'études, de recherche, de contrôle, etc. Dans certaines organisations, il peut être complètement intégré dans des équipes d'opérateurs auxquels il apporte le supplément de compétences qu'ils n'ont pas ou pas encore. Un technicien qui réussit peut devenir un spécialiste en restant dans sa filière professionnelle ou, en changeant de filière, un responsable d'encadrement.

De même qu'elle profite aux opérateurs, « la démarche compétence » peut profiter aux techniciens en leur ouvrant les mêmes possibilités d'élargir leurs compétences à d'autres domaines que celui de leur spécialité, comme l'animation, la formation, la gestion de projet, le management d'équipe, mais aussi en leur permettant d'accroître leur niveau technique sans être freiné dans leur évolution professionnelle par les collègues positionnés hiérarchiquement au-dessus d'eux. Parallèlement, la mise en œuvre et l'animation de la démarche compétence peuvent grandement profiter de l'apport des techniciens. Leurs compétences et leur recul par rapport au court terme propre au management courant les prédisposent à apporter une vision originale voire critique du futur, tant sur le plan de l'organisation que du management. Ils ont un rôle essentiel dans la formation technique des opérateurs.

Quand le technicien est dans une fonction support il aura pour objectif de faire passer au maximum ses propres savoirs et savoir-faire aux opérateurs d'atelier ou de bureau afin de les rendre plus autonomes et faciliter ainsi leur évolution professionnelle. Quand il fait partie intégrante d'une équipe d'opérateurs il contribue, en lien avec le responsable d'encadrement le plus proche, à l'augmentation de leurs compétences. Concomitamment, on prendra soin de le faire évoluer dans sa propre fonction en évitant qu'il ne s'approprie les activités les plus nobles de l'équipe dès lors qu'elle est capable de les accomplir elle-même. Quand il fait partie d'une équipe de techniciens, sa capacité à combiner les savoirs et les expériences de ses collègues augmente les chances de faire progresser son entreprise. En transmettant son savoir aux opérateurs et à ses collègues il libère du temps pour se consacrer préférentiellement aux problèmes les plus pointus de son métier, ce qui favorise sa propre évolution.

La « démarche compétence » est une opportunité pour les techniciens d'échapper à une organisation du travail réductrice qui risque de les transformer en exécutants, de haut niveau certes, mais vissés à leur spécialité voire à leur table, à leur pupitre ou à leur ordinateur. En utilisant au mieux la totalité de leurs potentialités et en créant ainsi les conditions de leur motivation, l'entreprise a tout à y gagner. Plus valorisés par le contenu de leur fonction, par leur rémunération et, mieux reconnus pour ce qu'ils sont, ce qu'ils savent et ce qu'ils savent faire, cette possibilité de progression continue les rendra peut-être moins sensibles au statut cadre/non-cadre, frontière dont ils pourront néanmoins s'affranchir en évoluant dans leur filière.

Le technicien, quel que soit son niveau, a donc un rôle important dans le management et la conduite du progrès tels que les sous-tend « la démarche compétence ». L'homme de la technique est bien l'un des éléments majeurs du progrès technique et humain de l'entreprise. Il fait partie intégrante des équipes d'encadrement tout au long de la ligne hiérarchique. En 1991, Miguel, technicien à Imphy, fier de son métier, avait mis cette épigraphe au mémoire qu'il avait produit pour accéder à sa nouvelle fonction : *« Ce n'est pas le métier qui honore l'homme, c'est l'homme qui honore le métier. »* Une enquête de la Cegos se terminait par cette conclusion : *« Nous avons rencontré des agents de maîtrise et des techniciens heureux ! »* Faisons en sorte de leur conserver ou de leur redonner ce bonheur qui honore leur métier et qui contribue à améliorer la compétitivité de l'entreprise.

6- *Le ou la DRH, un visionnaire réaliste.*

Quand on parle de DRH ou de GRH on entend en général tout ce qui touche à la direction ou à la gestion des ressources humaines. Toutes les entreprises ne disposent pas d'un DRH, d'un Directeur des Ressources Humaines, néanmoins la fonction existe dans tous les cas de figure, qu'elle soit assurée par un service particulier ou directement par le chef d'établissement dans certaines PME.

Une nouvelle traduction du sigle DRH est parfois utilisée : « direction des richesses humaines » et même « direction humaine des ressources ». Pourquoi pas, si c'est une incitation à un plus grand respect des hommes et des femmes et non une nouvelle façon de les tromper en leur faisant croire, sans le penser, qu'on les considère comme étant la « principale richesse de l'entreprise », son principal capital. Finalement, la personne responsable de la DRH n'est-elle pas plus simplement et plus modestement un spécialiste des affaires sociales qui maîtrise les techniques de la fonction, qui possède les compétences pour analyser en permanence les situations et anticiper leur évolution ? C'est en quelque sorte un expert en gestion du potentiel et de la mise en valeur des hommes et des femmes de l'entreprise, véritables leviers de la performance économique. Cette expertise en affaires sociales couvre un domaine opérationnel d'une part et un domaine fonctionnel d'autre part :

* Dans le domaine opérationnel, la personne responsable de la DRH maintient le cadre nécessaire à la bonne gestion des ressources humaines afin d'en garantir la cohérence avec la stratégie générale de l'entreprise compte tenu des circonstances, des contraintes, des personnes en présence. Elle assure la gestion des contrats et des rétributions (embauche, paie, protection sociale, relations avec l'administration, etc.). Elle offre aux hiérarchiques les outils et la méthodologie qui leur permettent d'assurer leur mission sociale. Elle met en œuvre les moyens de formation. Elle veille à la communication interne. Elle conduit les négociations sociales sur les sujets qui dépassent le cadre du service, du bureau, de l'atelier, en privilégiant, en cas de litige, les procédures de concertation et d'arbitrage.

* Dans le domaine fonctionnel, elle assure la vigie sociale de l'entreprise afin de déceler à temps, à partir de ce qui se vit et de l'environnement, les orientations qui se dessinent. Elle éclaire les situations, établit les diagnostics et prépare avec les responsables hiérarchiques les adaptations et les changements qui s'imposent. Elle a un rôle majeur de régulation sociale. Elle traduit auprès de sa direction les tensions et les dissymétries génératrices de conflits potentiels internes.

Cette fonction a des aspects tout-à-fait stratégiques qui ne se sous-traitent pas.

Concernant la mise en œuvre de « la démarche compétence », la personne responsable de la DRH a un rôle essentiel. Dans un monde complexe qui change de plus en plus vite, plus que tout autre, en bon accord avec le chef d'entreprise, elle doit avoir une approche systémique, prospective et cohérente dans la durée :

* Une approche systémique, c'est-à-dire garder une vue d'ensemble sur l'organisation et son fonctionnement afin d'identifier les signaux faibles qui peuvent avoir des répercussions importantes dans des domaines inattendus, en particulier au plan humain.

* Une approche prospective, c'est-à-dire voir parmi tous les avenirs possibles celui qu'il est souhaitable de privilégier, en particulier concernant les personnes.

* Une approche cohérente dans la durée, car si l'exception n'est pas interdite, elle peut être fatale à tout un édifice laborieusement et patiemment construit. Il s'agit de s'assurer que tout le monde prend bien, dans le temps, les décisions qui respectent la ligne stratégique retenue par la direction.

Quand, dans le passé, des actions de fond importantes ont déjà été lancées, comme par exemple : les actions qualité, le fonctionnement en équipes à responsabilité élargie, des actions de formation de grande ampleur, des accords d'intéressement, des instances de concertation, etc., le ou la DRH saura faire la synthèse positive de tous ces acquis pour qu'ils ne s'opposent pas mais au contraire se consolident mutuellement et s'articulent bien avec « la démarche compétence ».

Il faut insister ici sur quelques points qui paraissent être des qualités nécessaires à ceux et celles qui ont à concevoir et à mettre en œuvre « la démarche compétence » en l'adaptant à leur entreprise. Le ou la DRH, celui ou celle qui d'une façon ou d'une autre porte cette responsabilité, sera, comme tout responsable opérationnel : compétent, équitable, modeste et courageux.

* Compétent : cela renvoie à tous les savoirs, savoir-faire, comportements et l'expérience dont la liste et la description se trouvent dans tous les bons livres sur cette fonction, et ils sont nombreux[78]. Dans les grandes entreprises où la personne en charge de la DRH est à la tête d'une grande unité avec de nombreux collaborateurs, la moindre des choses est qu'elle soit elle-même un bon manager.

* Équitable : voilà une exigence qui ne souffre pas d'exception. Rien n'est plus frustrant, révoltant, humiliant que le sentiment d'injustice. Être équitable suppose de ne pas trop s'éloigner de la position qui sera considérée comme socialement acceptable par rapport à l'exacte justice que de toute façon on n'atteint jamais. Expliquer, écouter, choisir ses mots, prendre le temps, accompagner sont les principes d'action à respecter avant de décider d'une action qui ne fera peut-être pas que des heureux[79.]

* Modeste : c'est un trait de caractère qui devrait être commun à tous les hommes ou femmes, en particulier aux « chefs » ! « *Quand l'œuvre des meilleurs chefs est achevée, le peuple dit : c'est nous qui avons fait ça* » (Lao Tseu). Modeste et humble, mot qui vient du latin *humilis* qui veut dire « être près du terrain », La personne en charge de la DRH saura

---

[78] Jean-Marie Peretti, *Fonction personnel et management des Ressources humaines*, Paris, Éditions Vuibert, coll. Gestion, 1990 ; Gérard Donnadieu, *Manager avec le social*, Paris, Éditions Liaisons, 1997 ; Alain Meignant, *Ressources humaines, déployer la stratégie*, Paris, Éditions Liaisons, coll. Entreprise et carrières, 2000 ; et Geneviève Iacono, *Gestion des ressources humaines, cinq défis pour l'avenir*, Paris, Gualino, coll. Business, 2008.

[79] Xavier Grenet, Cahiers. *Joies et tourments d'un DRH*, Le Cerf, Humanité du christianisme, 2007.

parfois s'effacer sans se rebiffer. Elle pourra se voir reprocher qu'une action menée par d'autres n'a pas bien marché sous prétexte qu'elle ne les aura pas assez aidés ou préparés, alors qu'elle n'y est pour rien. Réciproquement, elle devra accepter que la réussite de l'encadrement et aussi de certains syndicalistes leur soit directement attribuée alors qu'elle y aura elle-même discrètement mais fortement contribué. L'efficacité de son action ne se construit pas essentiellement dans les réunions et les déclarations officielles mais souvent dans les relations qu'elle aura su tisser de façon informelle au jour le jour avec les uns et les autres, grâce en particulier à sa fréquentation du terrain. La confiance se construit lentement au fil des actes posés, des échanges en vérité, de la sincérité non feinte, du respect mutuel, sans déclarations tapageuses. La maïeutique, le principe de subsidiarité, la pédagogie, la participation doivent conduire à faire découvrir les bonnes solutions par ceux qui, au plus près des lieux où les problèmes se posent, auront à mettre en application les solutions retenues.

* Courageux, c'est peut-être le trait qui manque le plus fréquemment. Le chef d'entreprise est souvent pris par un ensemble de contraintes et soumis à la pression de tous ses collaborateurs dans les domaines de la finance, de la production, du commercial, des achats, des sous-traitants, de l'environnement, du politique, etc. La personne en charge de la DRH, tout en intégrant l'ensemble de ces objectifs et contraintes, doit être capable de sentir ce qui se passe ou risque de se passer au niveau des personnes qui travaillent et, sans flatterie et sans édulcorer la vérité, en faire part au chef d'entreprise. On lui saura gré de ne pas jouer les courtisans qui cherchent à se faire bien voir par ambition personnelle, ou simplement par crainte de déplaire, comme cela arrive quelquefois en annonçant ce que le chef d'entreprise souhaiterait entendre. Tenir bon vis-à-vis des laxistes qui cherchent la paix sociale à tout prix, résister à ceux qui veulent appliquer une discipline de fer inhumaine, oser affronter les déviants, les incompétents, les retors, elle doit être capable de dire « non » alors que les autres disent « oui »[80]. Être à l'écoute au sein de réseaux d'échanges et de réflexion de ce qui se fait ailleurs, proposer et impulser de nouvelles idées de management et d'organisation, encourager les modestes, obtenir de faire partie du comité de direction ou du conseil d'administration et y tenir sa place, tout cela demande courage, souplesse et fermeté. Résistant à l'injonction d'un patron si pressant soit-il, le ou la responsable de la DRH n'accepte pas de dire et d'expliquer, comme si cela allait de soi, qu'un licenciement économique est nécessaire pour le bien de l'entreprise et de ceux qui ainsi garderont leur emploi. Il faut savoir prendre en compte la peur, l'angoisse qu'engendre la perspective du chômage pour l'individu et pour sa famille. Avant toute négociation il faut refuser tout ultimatum, d'où qu'il vienne. Ce courage procure en général estime, écoute, quelquefois honneur, mais parfois aussi de solides inimitiés. Celui ou celle qui a la responsabilité de la DRH ne doit pas avoir peur de bousculer, de déranger ; quand, à l'une de ses propositions, on lui demande « *Pourquoi ?* » il saura répondre « *Pourquoi pas ?* » Le courage est une vertu centrale !

Grâce à leur bonne connaissance du terrain, les personnes investies de la fonction RH pourront être directement impliquées dans la validation des compétences, l'écoute et la recherche des possibilités d'évolution des salariés, la formation, la recherche de nouvelles organisations. Elles contribueront à faire connaître les bonnes pratiques dans et hors de l'entreprise afin de les généraliser en les adaptant à chaque contexte. Un tableau de bord simple avec quelques indicateurs explicites des situations concrètes et des écarts

---

[80] Cynthia Fleury, *La fin du courage,* Paris, Fayard, coll. Essai, 2010.

constatés permettra à la DRH de faire des points de situation réguliers avec la direction de l'entreprise, les membres de l'encadrement, les partenaires sociaux. Elle suivra les évolutions des salariés (qualifications, rémunérations, formation, entretiens professionnels, mobilité, etc.) ainsi que certains ratios de performance (absentéisme, sécurité, grèves, actions de progrès, respect de l'environnement, productivité, etc.). Tous les deux ou trois ans, elle pourra proposer des mesures d'appréciation du climat social, par ses propres moyens ou à l'aide d'un organisme extérieur spécialisé. En outre, la DRH sera attentive à la pyramide des âges afin de faciliter la collaboration entre générations, favoriser la fluidité des parcours professionnels et profiter de l'effet de noria.

La personne responsable de la DRH saura valoriser son entreprise auprès des organismes d'analystes financiers et de cotation afin qu'ils aient la plus exacte vision de la qualité et de la durabilité de sa gestion des ressources humaines et de son organisation. Le bilan social sera traité avec le plus grand soin, rapprochant diagnostic financier et gestion des ressources humaines[81] en faisant valoir ce qu'on peut appeler « son capital humain ». Cette évaluation pourra figurer dans les annexes du bilan.

Le souci de la fonction RH, c'est l'entreprise et les personnes qui y travaillent. Comment assurer l'indispensable équilibre entre la vie au travail et la vie personnelle ; il y a une vie à côté de l'entreprise ! Le délabrement de la situation de l'emploi précipite les uns, par manque de travail, dans l'inutilité au monde, et les autres, par excès de travail, dans l'indisponibilité au monde, deux formes de mort sociale, sources de violence. Si la dimension éthique est au cœur de son métier, le DRH doit être aussi capable de s'adapter en tenant compte des contraintes économiques, de la concur-

---

[81] Charles-Henri d'Arcimole, *Diagnostic financier et gestion des ressources humaines*, Paris, Economica, coll. Recherche en gestion, 1995.

rence et de l'attention aux personnes. Comment améliorer les performances de l'entreprise pour échapper à l'impitoyable juge de paix que sont les résultats économiques et financiers tout en gardant à un haut degré d'exigence le respect et l'intérêt de tous les salariés ? On n'est pas DRH sans un minimum de vocation pour ce métier qui demande vision et réalisme pour gérer de façon humaine les ressources de l'entreprise. L'une des ambitions majeure de cette fonction est de découvrir ses marges de manœuvre, en général plus grandes qu'on ne le pense et, au-delà des slogans, d'assurer un pilotage socialement responsable.

7- *Le salarié, un acteur de la performance et de son parcours professionnel.*

Ouvrier, employé ou agent administratif, le salarié, prudent ou pressé par l'urgence, sera peut-être sceptique quant à l'effet quasi « miraculeux » que pourrait lui apporter « la démarche compétence » telle que présentée ici. Et cependant, tout en restant réaliste, il y a là une opportunité, une chance sans précédent à saisir. En changeant la façon de travailler et en répartissant différemment les pouvoirs, on peut modifier très avantageusement la vie de ceux qui travaillent dans l'entreprise ou dans l'administration en jouant gagnant-gagnant. Avoir la possibilité de progresser grâce à une formation en interaction permanente avec l'organisation est l'un des enjeux majeurs de « la démarche compétence ». Les cadres fonctionnent en général plus ou moins selon cette logique dans la mesure où, dans un champ de missions assez large, ils ont des marges de manœuvre pour mettre en œuvre leurs compétences et sont rémunérés en conséquence. Néanmoins, bien des cadres, qu'ils soient de l'encadrement ou non, sont de plus en plus souvent contraints dans des postes très prescrits, sans marges de manœuvre. Or quel que soit le niveau hiérarchique dans l'entreprise, il est indispensable de comprendre qu'aujourd'hui il faut passer du régime de l'obéissance au régime de l'adhésion.

Dans une entreprise ou dans une administration (à condition d'y changer fortement les règles anciennes et paralysantes en vigueur concernant les évolutions de carrière dans les administrations) où il peut construire son parcours professionnel, où il peut gagner en autonomie et en liberté, le salarié, ouvrier, technicien, employé, ou agent a tout intérêt à bien comprendre, pour en profiter et même les revendiquer, les tenants et les aboutissants de « la démarche compétence ». Certaines questions fondamentales ne doivent pas être négligées : Qu'est-ce qu'on attend de moi ? Qu'est-ce que je peux apporter avec mes compétences ? De quoi ai-je envie ? Quelles sont les limites que je souhaite mettre à mon engagement ? Comment ménager mes marges de liberté dans le cadre d'un emploi dont je ne suis certes pas propriétaire mais avec des compétences qui, elles, m'appartiennent ? Il faut qu'il comprenne ce que lui autorise l'organisation, ses marges de manœuvre pour agir en toute autonomie et prendre en toute responsabilité les initiatives qu'il jugera utile pour atteindre les objectifs préalablement négociés et acceptés. L'organisation est-elle en mesure d'évoluer au fur et à mesure que ses compétences et celles de ses collègues s'accroissent et s'élargissent ?

Pour le salarié, signer un contrat de travail avec une entreprise qui fonctionne suivant les principes de « la démarche compétence » implique des engagements réciproques. Il devra dire quelles sont ses compétences et s'engager à les mettre en œuvre correctement. Si les diplômes, quel qu'en soit le niveau, ne sont que des présomptions de compétence, il y a par ailleurs des compétences qui nous paraissent tellement évidentes que nous n'osons pas en parler, ou même n'y pensons-nous pas. C'est le cas en particulier des savoir-faire, des comportements qui nous viennent de notre éducation (ce qu'on appelle parfois « civilités » ou « savoirs être ») ou que nous utilisons depuis longtemps sans nous en rendre compte. Ils peuvent présenter un intérêt et il ne faut pas hésiter à en parler. Nous avons peut-être des tours de main, des capacités à sentir, à percevoir les phénomènes qui nous entourent, à décrypter les situations humaines sensibles, cela donne des savoir-faire utiles dans un monde où les gestes, les attentions et le relationnel ont de plus en plus d'importance ; c'est souvent par ce biais que, mariant nos compétences avec celles des collègues de notre équipe ou celles des équipes clientes ou fournisseurs, se construit la compétence collective.

Par exemple, nous avons l'expérience du travail en équipe en tant que bénévole dans une association sportive ou caritative et nous avons peut-être aidé des personnes ou des jeunes en difficulté. Nous avons conduit des projets, simples peut-être, mais réussis. Certains échecs parfois ont été sources d'expériences riches d'enseignements sur les êtres humains et leurs comportements. Par ailleurs, s'il ne s'agit pas, au moment de la recherche d'emploi, de mettre d'emblée en avant ses lacunes, en revanche il ne faut pas se voiler la face et chercher le plus tôt possible les lieux de formation ou les associations compétentes pour combler ces faiblesses. Prendre conscience de ses points forts et de ses points faibles, mettre en valeur ses atouts et pallier ses lacunes sans vouloir être bon partout ; c'est la meilleure façon de faire face et de ne pas se trouver coincé dans d'inextricables contradictions. *« Le vrai savoir, c'est de reconnaître qu'on sait ce qu'on sait, et qu'on ne sait pas ce qu'on ne sait pas »* (Confucius).

Soucieux de son évolution, tout salarié, avec l'aide de sa hiérarchie, est tenu de bâtir son projet professionnel. Cette responsabilité, il ne doit pas la fuir et l'entreprise ne doit pas la brider, ni la brimer. À partir de son projet, préparer son entretien professionnel, se positionner par rapport à son référentiel de compétences, consulter d'autres référentiels pour un éventuel changement de filière, se former pendant le temps de travail ou en dehors, sont les démarches incontournables pour optimiser son avenir et pour le bon fonctionnement de l'entreprise. Travailler en bonne entente avec ses collègues, oser l'échange avec sa hiérarchie, ses représentants syndicaux, la DRH est un gage d'évolution positive de ses savoirs et savoir-faire ; on n'est jamais compétent tout seul. Ni trop ambitieux ni trop timoré mais réaliste et objectif, on peut ainsi ajuster au mieux son projet à son potentiel de compétences. Il est dangereux de stagner, de faire trop longtemps du surplace, même quand on se sent bien dans sa fonction ; la routine est souvent dangereuse voire mortelle à terme. Pour s'enrichir il est parfois utile de changer d'environnement pour se frotter à d'autres ambiances, à d'autres personnes, à d'autres compétences.

Le salarié saisira toutes les opportunités pour acquérir plus d'autonomie, plus de responsabilité, plus de liberté et de capacité d'initiatives. En cas de réduction d'effectif ou de restructuration, celui qui a bénéficié d'une organisation basée sur « la démarche compétence » retrouvera plus facilement un nouvel emploi dans ou hors de son entreprise grâce aux compétences qu'il aura acquises au-delà des seules compétences techniques. Certaines compétences, qu'on dénomme parfois « compétences transversales », sont très recherchées, comme la capacité à travailler en équipe, à comprendre les problèmes économiques, à trouver le meilleur moyen de s'organiser, à exposer un problème ou une solution, à donner ou à aller chercher de l'information dans et hors de l'entreprise, à former ou se former rapidement sur de nouvelles techniques, installations ou activités. Le salarié peut, du fait de son large spectre de compétences, prendre l'initiative de changer d'emploi ou même créer sa propre activité, sa propre entreprise, seul ou avec l'aide de son établissement d'origine et des organismes ou associations spécialisés dans ce type de création[82]. Il est à noter au passage que ces compétences dites transversales ou génériques sont bien souvent utilisables aussi dans la vie personnelle et familiale. Cet accroissement de compétence au sens large est un atout majeur pour améliorer son employabilité.

Les organisations syndicales[83] ont un rôle irremplaçable pour faciliter cette démarche. Comment trouver le juste milieu entre l'individualisme et le collectif ? Franchir le pas et adhérer à une organisation syndicale peut aider à mieux se positionner par rapport à ses collègues et à donner du sens à son travail et à sa vie pour bâtir une société plus équitable et plus durable. Un tel engagement peut contribuer à atténuer les aléas de son entreprise dont on sait qu'elle n'est pas forcément éternelle. En retour, la connaissance du terrain que l'on apporte aux organisations syndicales et aux théoriciens est une garantie pour qu'ils restent réalistes et pragmatiques. Des associations extérieures à l'entreprise peuvent aider à réfléchir, à échanger, à se former et à prendre du recul.

En amont des négociations entre direction et organisations syndicales, il est recommandé, par l'intermédiaire de l'encadrement en particulier, d'associer les salariés à la réflexion. S'ils ont été consultés, préparés, s'ils ont pu donner leur avis, si de petits détails qui ne peuvent être décelés que par eux sont bien pris en compte, ils peuvent faire passer des points plus difficiles à accepter. Il faut donc que le salarié ose donner son avis, ose parler avec ses collègues mais aussi chez lui, en famille, avec des amis qui ont d'autres ex-

---

[82] Se reporter à la procédure de l'auto-entrepreneur entrée en vigueur le 1er janvier 2009.
[83] Cf. chapitre suivant.

périences dans d'autres entreprises. Ces échanges peuvent ouvrir des horizons inattendus. Les époux, les épouses, les parents, les enfants ont parfois des questions et des idées décapantes hors des dogmes et des idéologies.

Il est également important d'évoquer un point trop souvent occulté : le salarié est aussi un consommateur. Sa façon de consommer favorise ou défavorise certains types d'entreprises dont les salariés ont peut-être des aspirations proches des siennes. Quand nous achetons tel ou tel produit, nous ne sommes pas neutres vis-à-vis de ceux qui les fabriquent. Se sentir responsable dans son entreprise aidera peut-être le consommateur à être cohérent avec ses propres revendications, ses propres convictions. Certains salariés, peu nombreux certes, sont de petits actionnaires : quel positionnement adopter entre la façon de placer son argent, quand on en a, et ses options quant à la façon dont il est utilisé ? Si l'on a des actions de sa propre entreprise, par décision personnelle ou par le biais de l'actionnariat d'entreprise, comment assurer son positionnement entre ces deux statuts, celui de salarié et celui d'actionnaire ? Comment éviter la schizophrénie ?

On l'aura compris, les compétences dont nous sommes propriétaires sont le roc sur lequel on bâtit l'édifice de son parcours professionnel. Plus difficile à emporter avec soi sont les compétences collectives qu'on a contribué à construire, mais il est toujours apprécié qu'on en ait l'expérience. Compétences ! D'abord celles de nos métiers respectifs, en incluant dans ces compétences le souci d'en discerner les enjeux humains, de saisir tout ce qui se cache au-delà du technique. Il existe des enjeux assez évidents que la fonction aide à discerner, il y a aussi des enjeux plus cachés du fait de notre évolution culturelle. La mise en œuvre des compétences peut-être bonne ou mauvaise suivant le sens que leur donnent les femmes et les hommes en fonction de ce qu'ils portent en eux et de la cohérence entre ce qu'ils disent, ce qu'ils pensent et ce qu'ils font. On peut parler de dimension spirituelle – dimension qui ne s'identifie pas au religieux – dont le fondement consiste à reconnaître un certain nombre de valeurs à promouvoir ou à défendre. Il est important certes de bâtir sur le roc, mais encore faut-il que la maison soit habitable dans un monde accueillant.

8- *Le représentant du personnel, un contre-pouvoir indispensable.*

Combien d'hommes et de femmes se sont engagés dans le syndicalisme avec toute leur intelligence, leur dynamisme, leur souci des autres, malgré bien des difficultés et souvent au détriment de leur carrière professionnelle[84] ! Les motivations peuvent être variées : le goût du pouvoir – probablement pas aussi grand que certains le croient –, l'esprit de contestation, la volonté de construire une société plus efficace, plus juste, plus solidaire, etc. La multiplicité des réponses a conduit à l'existence d'un grand nombre d'organisations syndicales, un trop grand nombre en France sans doute. Dans ce contexte, que peut devenir le syndicalisme demain[85] ? Le renouveau est difficile mais certain pour certaines confédérations.

Dans son livre « *Je cherche la justice*[86] », Jean Girette, directeur général adjoint de la SNCF, puis, après la perte de son épouse, ouvrier tourneur pendant sept ans dans la même usine, nous dit avec force à quel point l'exigence de justice

---

84 Michèle Millot et Jean-Pol Rouleau, *Le syndicalisme autrement. Ces militants qui changent les relations de travail*, Paris, l'Harmattan, coll.
85 Michelle Millot et Jean-Pol Roulleau, *Renouveau du syndicalisme : défis et perspectives*, Ed.Le Passseur, 2021.
86 Jean Girette, *Je cherche la justice*, Paris, France-Empire, 1972.

est grande pour un salarié. **La recherche de la justice est probablement le motif d'action le plus profond de la plupart des syndicalistes.**

Pour être reconnu par les salariés qu'il défend et qu'il accompagne, être crédible aux yeux de l'encadrement et de la direction, le représentant du personnel efficace doit être un bon professionnel qui connaît bien son métier et le terrain. Son temps de présence au travail dans son équipe sera suffisant pour ne pas risquer d'être déconnecté des réalités et de perdre la confiance de ses collègues. Le syndicaliste saura garder la bonne distance vis-à-vis des directions de son entreprise et de son syndicat afin de ne se laisser ni manipuler ni flatter par les contacts à haut niveau qu'il peut avoir avec elles. Rester soi-même, porte-parole libre et authentique, c'est ainsi qu'il gardera sa fierté et toute sa légitimité.

Négocier un accord, le signer, le faire respecter, tout cela demande préparation, écoute, compromis, explications, patience et courage. La fonction de représentant du personnel est difficile, exaltante souvent, ingrate parfois. Il faut beaucoup d'humilité, les mercis sont rares, les récriminations nombreuses, les « y a qu'à, faut qu'on » fréquents. Il vaut mieux se lancer dans cette mission avec lucidité pour une durée déterminée en accord avec son organisation syndicale, voire avec sa direction, la considérant comme un moment difficile mais positif dans son parcours professionnel.

Pour les cadres, tant qu'existera en France la différence de statut cadre/non-cadre il est nécessaire qu'existent les engagements syndicaux qui leur sont propres et qu'ils travaillent en collaboration avec toutes les catégories de salariés. Ils ont en général une formation et une expérience qui leur permettent d'apporter des analyses et des idées souvent utiles à l'ensemble de l'action syndicale.

Si la recherche de justice passe par la défense de la protection, de la prévention, par la défense des droits acquis qui ont bien sûr leur raison d'être, faut-il néanmoins se limiter à ces missions traditionnelles du syndicalisme parfois en butte aux contraintes d'un monde qui change ? Plutôt que de s'acharner à maintenir des formules qui flanchent, ne vaut-il pas mieux analyser les raisons de ces changements et trouver, pour aujourd'hui et pour demain, des voies alternatives plus adaptées et plus pérennes ? Faut-il rester dans l'acception primitive du mot « syndicaliste » issu du grec *syndikalos* qui veut dire « *celui qui assiste en justice* ». Le rôle du syndicaliste va bien au-delà de cette position défensive. Pour être efficace, le responsable syndical cherchera à avoir une longueur d'avance sur l'histoire qui se déroule de toute façon, qu'on le veuille ou non[87]. Être réaliste et pragmatique n'exclut pas d'être un peu visionnaire. Il lui faudra néanmoins être prudent quant au positionnement du curseur de l'innovation car il est important de garder le contact avec la base, « *Dix pas devant les troupes, c'est bien, onze pas, vous les perdez* », disait, dans les années 1970, Eugène Descamps, secrétaire général de la CFDT.

Pour trouver la bonne posture vis-à-vis des directions et des salariés, et pour les faire évoluer, il n'est pas inutile de connaître un peu l'histoire du fait syndical en France et en Europe, ainsi que les traits de caractère propres aux différents types de population[88]. En France, fruit de notre histoire et de notre culture, nous aurions une manière de nous comporter, de vivre et travailler ensemble que Philippe d'Iribarne a qualifiée de « *Logique de l'honneur*[89] ». Du fait de notre passé, de notre éducation et de nos habitudes, nous saurions naturellement quel est notre devoir. Il ne serait pas

---

[87] Jean-Christophe Le Duigou, *Demain le changement. Manifeste pour un nouveau syndicalisme,* Paris, Armand Colin, 2005.

[88] Michèle Millot, Jean-Pol Rouleau, *Les relations sociales en Europe. Acteurs et enjeux,* Liaisons Sociales, 2005.

[89] Philippe d'Iribarne, *La logique de l'honneur,* Paris, Le Seuil, coll. Points Essais, 1993.

toujours bien ressenti qu'on vienne nous dire ce qu'il faut faire, comment le faire et encore moins nous dire que ce que nous avons fait n'est pas très bien fait. Changeant facilement d'avis, nous ne serions pas toujours enclins à honorer dans la durée un contrat pourtant signé en bonne et due forme il y a peu de temps. Cette analyse est-elle si caricaturale que ça ? Les pays d'Europe du Nord, de même que le Japon, fonctionneraient plutôt suivant ce que Philippe d'Iribarne appelle la « *Logique du consensus* » : après une longue maturation, après des ajustements et des concessions réciproques, tout le monde se mettrait d'accord et travaillerait sans rien remettre en cause jusqu'à la prochaine négociation. Les Anglo-Saxons, eux, seraient les adeptes de ce que notre sociologue qualifie de « *Logique du contrat* » : après de longues et rudes discussions soutenues parfois par des grèves dures, les négociateurs signeraient des accords que tout le monde appliquerait ensuite de bonne foi sans remise en cause pendant toute la durée convenue. Bien que les contre-exemples soient encore nombreux, l'évolution des situations en entreprise et des mentalités conduisent progressivement à combiner ces trois approches avec une prédominance de la *« Logique du contrat »*. N'y aurait-il pas intérêt à adopter un déroulement pragmatique du type : analyse de l'état des lieux, négociation, accord, période d'essai, évaluation, ajustement, contrat révisé pour une période donnée, mise en œuvre, contrôle du respect de la lettre et du fond, nouvelle négociation, et ainsi de suite. Nous pourrions qualifier cette façon de faire de « *politique des petits pas* », sans doute plus efficace.

Avec « la démarche compétence », par rapport aux pratiques classiques antérieures, toutes les parties changent profondément d'attitude. Il s'agit d'un contrat qui implique l'engagement des partenaires. Il donne la même valeur d'engagement et d'intérêt aux diverses parties qui se mettent d'accord : contrat d'emploi sur la base de compétences reconnues, contrat de formation qui, au-delà de la formation initiale, offre à chacun les moyens de progresser selon ses aptitudes propres, contrat entre générations qui assure une réelle solidarité entre les différentes populations et catégories sociales, contrat d'accompagnement qui propose les moyens de faire soi-même plutôt que de se faire assister. Voilà l'originalité de « la démarche compétence ». C'est une opportunité pour les syndicalistes de retrouver une légitimité dans le fonctionnement de l'entreprise par l'aide qu'ils apportent à tous les salariés pour bien gérer leur parcours professionnel en faisant progresser leurs compétences, en améliorant leur rémunération, en augmentant leur employabilité tout en prenant en compte les objectifs de l'entreprise. Il est à ce propos prudent de bien distinguer le rôle de chaque acteur : les pilotes en première ligne, ce sont les responsables d'encadrement ; la direction impulse la démarche en formant et en aidant la hiérarchie ; les représentants du personnel vérifient que l'accord est bien respecté dans le fond et dans la forme. Ils signalent ce qui leur semble être des dérives, des difficultés de mise en œuvre, des manques de doigté mais aussi ce qui leur paraît aller dans le bon sens et utile de généraliser. Ils peuvent donner des explications aux salariés qui ont du mal à comprendre ou à suivre. Ils signalent à l'encadrement les précautions particulières à prendre avec certains salariés, les plus fragiles d'une part et les plus ambitieux d'autre part. Ils peuvent donner leur avis sur les différentes façons de faire, en particulier sur l'établissement des référentiels de compétences. La « démarche compétence » est un projet sur lequel les différentes organisations syndicales devraient pouvoir facilement se mettre d'accord et travailler ensemble.

Le meilleur moyen de suivre ce qui se passe concrètement sur le terrain et comment ça avance est d'avoir une « commission de suivi » et un tableau de bord simple établi par la direction et contrôlé par les partenaires sociaux. Un tableau de bord est à la fois le rassemblement d'observations quantifiées (état d'avancement des entretiens professionnels, rédaction et mise jour des référentiels de compétences, suivi des formations spécifiques, changements d'organisation, évolutions des parcours professionnels liés aux compétences, y compris celui des partenaires sociaux) et d'appréciations qualitatives sur la mise en œuvre de l'accord et sur sa maintenance (qualité des entretiens professionnels, pertinence des validations de compétences, ambiance au travail, qualité des rapports entre personnel et hiérarchie, etc.). Lors de ces points de situation, il ne faut jamais oublier qu'au-delà des outils, ce sont les objectifs de la démarche qui importent : les hommes, les femmes, les résultats économiques, la performance globale et les perspectives d'avenir.

Pour mener à bien ce grand projet, depuis sa préparation jusqu'au suivi de la mise en œuvre en passant par la négociation et la signature éventuelle d'un accord, il est important que les représentants du personnel soient bien formés sur le fond et la forme, sur les outils à mettre en place, les types d'organisations possibles, la construction d'un référentiel, la façon de préparer et de conduire un entretien professionnel, les modalités de validation des compétences, les principes de gestion des rémunérations, les différents moyens de formation, des règles d'évolution de carrière. Les formations dont il a besoin peuvent être dispensées par son organisation syndicale et par l'entreprise en vérifiant la cohérence entre les deux visions.

A cette occasion, il peut être utile d'établir pour le représentant du personnel lui-même un référentiel de compétences en précisant les formations à suivre, les conditions d'exercice de son mandat, les règles d'éthique internes et externes à respecter réciproquement. Pourquoi ne négocierait-il pas avec son organisation syndicale et la direction de l'entreprise afin d'envisager les modalités et les possibilités d'évolution professionnelle classique ou syndicale, en devenant permanent par exemple, après un ou deux mandats de trois ou quatre ans. Cela pourrait faciliter le renouvellement et l'émergence de volontaires qui verraient dans cette étape une occasion de promotion et non de stagnation à vie. En outre, son ouverture sur l'extérieur, dans d'autres établissements, lui sera d'une grande utilité pour son information, sa culture personnelle et sa créativité.

Toutes les entreprises, en particulier les PME, n'ont pas en leur sein des représentants du personnel, des représentants syndicaux, des partenaires sociaux. Le fait syndical n'est pas encore tout à fait entré dans le mode de fonctionnement normal de l'entreprise. Et pourtant, une direction qui organise seule toutes les règles de fonctionnement de l'entreprise court le risque de se déconnecter de sa base et de s'égarer dans des développements complètement décalés par rapport au réel. L'entreprise a besoin de contre-pouvoirs. Si beaucoup de chefs d'entreprise ont compris l'intérêt d'une telle posture, d'autres, hélas, n'en sont pas encore convaincus. D'autres, avec Jacques Lauvergne[90], pensent que les entreprises gagneraient toutes à avoir un syndicalisme fort, humainement, économiquement et politiquement. Si les partenaires sociaux connaissent bien le terrain et le monde qui bouge, s'ils sont responsables et capables de prendre part efficacement à la mise en place de nouvelles façons de travailler en passant par des négociations sérieuses et des accords durables, tout le monde y gagnera grâce à des entreprises et administrations performantes, socialement et humainement fiables.

---

90 Jacques Lauvergne, Président du GESIM (UIMM). « Dialogue social : l'école de la vie en entreprise ».

9- Le législateur et le juriste, artistes du glaive et de la balance.

L'enfer est pavé de bonnes intentions, il ne suffit pas d'avoir raison pour que nos idées soient tout de suite acceptées et mises en œuvre. « *On ne change pas la société par décret[91]* », disait Michel Crozier, « *ni par la Loi !* » faut-il ajouter. Les meilleures raisons d'agir n'inspirent pas toujours les meilleures façons d'agir.

« *Le travail est à la fois : lieu de rencontre de la personne et des choses, servitude et liberté, épreuve pour notre identité, épreuve pour le droit et les institutions. Douleur et création, il peut faire de l'homme un démiurge ou un esclave[92]* ». Il peut être asservissement des choses à l'homme ou l'inverse, « *asservissement de l'homme par l'homme et réciproquement* », comme disait Woody Allen. Ne pas avoir de travail, c'est se voir refuser sa part d'humanité, une place légitime au milieu de ses semblables. La notion moderne de travail apparaît avec la pensée économique qui en fait une marchandise, et de son absence, le chômage. Pour négocier une marchandise il faut une unité de mesure et dans le modèle taylorien le travail est rapporté à une nomenclature d'actes élémentaires, eux-mêmes réductibles à une même unité de mesure, le temps. Mais le travail est-il vraiment une marchandise, le travail qui met les personnes en rapport avec les choses – question philosophique – peut-il avoir le statut d'une chose ou le statut d'une personne ? Un homme libre peut-il être soumis au pouvoir de son semblable ? C'est dans le cadre de cette conception ambivalente du travail que le législateur a construit le droit du travail qui régit bien des contraires : le privé et le public, l'individuel et le collectif, le droit des biens

---

[91] Michel Crozier, *On ne change pas la société par décret,* Paris, Fayard, 1979.
[92] Alain Supiot (sous la direction.), *Le travail en perspective,* Paris, LGDJ, coll. Droit et Société, 1998.

et des personnes, l'égalité et la hiérarchie, la loi humaine et la norme technique, etc. Le droit du travail n'a pas fini d'évoluer et de nous poser problème.

Pour le dirigeant, le droit du travail est souvent perçu comme un ensemble de contraintes et de freins à la fluidité de la gestion des entreprises. Il est fréquemment demandeur de « dérégulation », ce qui ne l'empêche pas de le compléter par des règlements propres à son entreprise. Le juriste ne serait pour lui qu'un technicien qui dit le droit, rédige des actes, règle des contentieux et trouve les adaptations nécessaires pour interpréter favorablement la loi à ses propres contraintes. S'il y a du vrai dans cette perception, n'est-ce pas un alibi pour ne rien tenter de nouveau, pour ne pas sortir de la norme ? Si le droit est effectivement contraignant, il est aussi une technique ouverte sur l'organisation de l'entreprise. Si le dirigeant subit la loi, il a néanmoins d'assez grandes marges de manœuvre pour négocier localement des accords et des contrats. Dans cette disposition d'esprit, le législateur pourra l'aider à sortir de la norme taylorienne. On peut remarquer que le contrat de travail a déjà permis de faire passer le travail d'une conception juridique d'un « bien » abstrait – le travail n'est pas une chose qu'on met sur un étal pour le vendre – à une conception qui prend en compte une dimension « personnelle », celle du travailleur qui porte en lui la capacité à produire un travail. Il permet une grande diversité de statuts juridiques et donc dès à présent la possibilité de travailler différemment. Ces possibilités pourraient bien se rétrécir avec les difficultés actuelles et la hausse du chômage. En ramenant le travail à un bien marchand et en oubliant l'homme qui le produit, on promulgue des lois qui pourraient être néfastes dans les domaines économique et humain. La tentation du législateur, et il y tombe facilement, est de se substituer aux partenaires patronaux et salariés. On peut citer quelques exemples pas toujours perçus comme des décisions pertinentes : la loi sur les 35 heures, par exemple. On ne peut pas changer les comportements par la loi ou la règle. On ne change pas la société par un coup de baguette magique.

Il est à noter aussi, au passage, que parmi les conditions à remplir pour faciliter le retour à l'activité, il faut que les demandeurs d'emploi aient des compétences à proposer. Il y a pire qu'être exploité, c'est de n'avoir rien en soi qui puisse être exploité. Pour combler ces manques de compétence on sait les difficultés et les dérives de la formation permanente d'où le législateur comme les syndicats patronaux et salariés ne se sont pas encore sortis. Les dernières mesures gouvernementales vont peut-être enfin faire évoluer les comportements et l'efficacité du système.

Pour le législateur, élu à l'Assemblée nationale ou au Sénat, le cœur de sa préoccupation, c'est la personne ; est-ce vraiment toujours le cas ? Il est sans doute légitime puisqu'il est élu, mais cela implique-t-il automatiquement qu'il ait les compétences personnelles en la matière ? Plus de prudence et de recul seraient parfois les bienvenus. Le juriste, suivant les cas, est l'homme du législateur, de l'entrepreneur ou du syndicat. Étant à leur service, il ne doit pas leur dicter sa vision des choses, bien sûr, néanmoins son rôle n'est pas simplement de trouver les astuces pour arriver à n'importe laquelle de leurs fins. Le droit a des limites et le juriste doit savoir les faire respecter. Bien que devant faire preuve de prudence, il se doit de rester ouvert à l'innovation, ce qui n'est pas toujours sa vertu première. Il est en effet souvent prisonnier de la connaissance et de l'expérience qu'il a du passé, qui lui rappellent toutes les difficultés rencontrées, plus certaines à ses yeux que les hypothétiques bienfaits des idées nouvelles. Peut-il avoir une attitude prospective, avoir une écoute attentive adaptée à l'interlocuteur, aider au discernement, ouvrir des possibles, faciliter les expériences originales ? Écouter les innovants le conduira à se faire une opinion sur la nécessité et l'ampleur des changements à opérer. Écouter les cadres, les chefs d'entreprise, les syndicalistes, les salariés, lui permettra de recueillir tous les avis dont il pourra tenir compte avant tout projet de règlement, d'accord ou de loi. Écouter les autorités de tutelle l'éclairera sur les limites des possibles. Et quand la situation est confuse, le juriste, tel l'arpenteur du pharaon après la crue du Nil, aidera tout le monde à retrouver les limites à respecter alors qu'elles ont été recouvertes, au fil du temps, par le limon des rajouts et des dérives[93].

Pour le salarié, le législateur est perçu comme celui qui a produit le droit du travail afin de le protéger des abus éventuels de l'employeur ainsi que de ses propres faiblesses. Pour protéger la personne du risque d'exploitation et éviter les ambiguïtés en cas de litige, le droit du travail est nécessairement précis et parfois tatillon. Après bien des conflits, des réflexions philosophiques et pratiques, et de longues négociations, il a effectivement permis de limiter l'exploitation des hommes et des femmes dans une société façonnée par l'opposition de classes. Le Droit *du* travail inclut le droit *au* travail proclamé dans le préambule de la Constitution française en 1946 et repris en 1958. Mais pour que cette déclaration soit suivie d'effets il a fallu créer les conditions de son application dont on sait qu'elles ne sont toujours pas suffisantes. On comprend donc qu'au fil du temps le droit du travail soit devenu de plus en plus complexe et parfois difficile à connaître et à interpréter. Et pourtant, malgré l'envie et cet empilement croissant d'articles, il est bien évident qu'il ne pourra jamais tout définir, tout régler, tout régenter.

Que peut-il, que doit-il dire aujourd'hui du lien de subordination, du temps de travail, de la qualification, de l'organi-

---

[93] Alain Supiot, *Critique du droit du travail,* Paris, PUF, coll. Quadrige Essais Débats, 2007.

sation, de la production elle-même ? L'exécution du contrat de travail ne coïncide plus tout-à-fait avec l'accomplissement d'un travail précis ou de tâches bien définies. Dans le cadre d'une plus large liberté, le travail comprend une plus grande part d'imagination, de formation, d'acquisition de compétences, de changement de façon de travailler. Même la rémunération n'est plus l'exacte contrepartie du temps travaillé. Le statut du travailleur s'individualisant de plus en plus, l'analyse locale des faits devrait prendre de plus en plus d'importance. Il est à noter qu'il y a toujours un décalage dans le temps entre la loi et les faits ; le droit court après l'usage et ce retard peut être gênant car il implique que les innovations se font souvent hors du cadre strictement légal. Les rares fois où il fut en avance, il fallut de longues années pour qu'il soit effectivement appliqué, comme la loi sur les 40 heures hebdomadaires de 1936.

Depuis longtemps le législateur est sommé, lourde tâche, de simplifier le droit du travail afin de le rendre plus aisément compréhensible et applicable par l'entrepreneur, le salarié, le syndicaliste, tout en leur ménageant des marges de manœuvre pour tenter de nouvelles façons de travailler, d'organiser et de gérer l'entreprise. Le droit du travail ne peut être un bloc juridique monolithique qui définirait une identité professionnelle unique. Peut-on soumettre tout le monde aux mêmes règles uniformément applicables ? Avant de généraliser un accord, un contrat, une loi, il est toujours prudent de respecter certaines spécificités de la région, de la branche d'activité, de l'entreprise. « *Pour faire marcher tout le monde au pas, en rang par quatre, point n'est besoin du cerveau, la moelle épinière suffit* » (Albert Einstein). Dans une société où toute invention paraît suspecte car elle signifie toujours que quelqu'un, quelque part, enfreint une règle ou un usage, comment permettre l'expérimentation avant la généralisation ? En matière sociale, ce pragmatisme n'est pas encore vraiment passé dans les us et coutumes du législateur et, lorsqu'il arrive qu'une telle démarche soit lancée, on oublie bien souvent de l'évaluer avant de promulguer la loi générale que l'on baptisera du nom de celui ou celle qui l'a initiée. Avancer continûment, pas à pas, dans la durée, sans piétinement, est en général plus efficient et plus rapide dans la mise en œuvre que le grand chambardement lancé dans la précipitation qui provoque souvent rejet et réactions violentes.

Dans la pratique courante du droit du travail, issue du taylorisme, le salarié est le plus souvent lié à son employeur par un contrat qui fixe son statut et par une organisation qui définit le contenu du poste et les modalités de travail. Le système de classification professionnelle, quand il existe, détermine sa rémunération en fonction du poste tenu. Par construction, le contrat de travail s'inscrit dans un rapport de subordination qui crée un lien fort de dépendance du salarié par rapport à son employeur. Il s'ensuit que la législation s'est développée dans une logique d'assistance, de protection et de prévention et, de ce fait, les relations entre partenaires se sont structurées autour de la défense des avantages acquis.

La « démarche compétence », elle, partant de la personne, de ses attentes et de ses compétences, devrait transformer profondément la nature du lien entre le salarié et son employeur. Avec « la démarche compétence » on va vers une plus grande valorisation de la personne en reconnaissant ses compétences, marqueurs de son identité et richesse offerte à l'entreprise qui saura comment les utiliser ; l'homme n'est plus une ressource mais propriétaire de ressources. Pour le futur salarié qui se présente à l'embauche, le contrat est établi en estimant *a priori* les compétences qui peuvent être utilisées et non à partir du poste à occuper dans l'immédiat. Le contrat de travail devrait devenir un lien entre partenaires responsables. L'employeur offre des possibilités d'activités et le salarié offre ses compétences, ou plutôt sa capacité à les mettre en œuvre pour produire un bien ou un service. Dans cet échange, le salarié reste propriétaire de ses compétences comme d'un capital immatériel personnel que par son activité il doit être capable de faire fructifier. Il s'agit d'un échange à gain réciproque gagnant-gagnant.

Dans une telle perspective, le législateur devrait avoir pour objectif de définir le cadre de l'échange, d'ajuster les obligations réciproques, de préciser de part et d'autre les limites acceptables des engagements. Les partenaires sociaux pourront avoir, dans ce contexte, la mission de négocier non seulement les conditions d'emploi et de mise à disposition des compétences, mais aussi les critères de gestion des parcours professionnels. Ils devraient ainsi retrouver leur finalité de défense des intérêts professionnels et moraux. N'est-ce pas là une opportunité de s'inscrire dans une logique de coaction, entraînant de ce fait une coresponsabilité des partenaires concernés ? Cela n'exclut pas les confrontations, voire les litiges, cependant, en règle générale, dans un tel climat, la conciliation et l'arbitrage ont probablement plus de chance de l'emporter sur le contentieux et la rupture.

Pour les politiques, au niveau local, régional, voire national, « la démarche compétence » peut être un puissant facteur de progrès économique et social. En favorisant l'augmentation des compétences individuelles et la capacité à travailler en équipe pour produire de la compétence collective on développe l'employabilité des personnes, ce qui facilite l'emploi et réduit les risques d'exclusion. Être capable de travailler grâce à la qualité, au niveau et à l'éventail de ses compétences conduit plus naturellement, en cas de chômage, à garder confiance, à se prendre en main efficacement, à conserver une activité, chez soi ou dans une association ou se former, en attendant de retrouver un emploi, ce qui atténue le risque d'isolement et de marginalisation, « *Nul ne peut se sentir à la fois responsable et désespéré* » (Saint-Exupéry). Cette innovation sociale, facteur d'efficacité économique, est une opportunité pour l'épanouissement moral et sociétal du citoyen. Il y a là un véritable enjeu politique et social qui dépasse largement le cadre de l'entreprise, et pour les administrations une occasion d'améliorer leur propre fonctionnement.

Au final, quel est le rôle du législateur et de son bras armé, le juriste ? Si le droit a eu longtemps le monopole de l'étude des lois, il ne faut pas oublier, d'une part qu'il a presque toujours été en décalage par rapport aux faits et d'autre part que la montée des sciences sociales a fortement atténué cette position dominante. L'histoire, la sociologie, l'économie, le politique, la gestion des entreprises se sont promus au rang de « Sciences de l'Homme » et ont pris le pas sur le juriste qui parfois n'est plus là que pour mettre en forme ce que d'autres ont conçu à sa place, ou pour rattraper les faits. Pourtant son rôle reste incontournable, non seulement pour trouver la bonne formulation des lois, des accords, des contrats, des règles de fonctionnement afin d'éviter les interprétations fallacieuses, mais aussi pour aider à discerner la voie à prendre entre le monde des faits et le monde des valeurs.

La sagesse pratique l'invite autant à l'imagination qu'à la modestie. Son art, plus qu'une science, nous éclairera sur les risques de conflits et les limites qu'il est prudent de ne pas dépasser. Le symbole du glaive et de la balance auquel il se réfère nous dit qu'il faut savoir peser le pour et le contre mais, *in fine*, il faut bien décider et trancher, trancher avec des mots, pas avec le glaive bien sûr, même si les mots peuvent eux aussi manifester une certaine violence. Il est essentiel que le juriste ne se laisse pas influencer par la raison du plus fort ; il lui faut tenir bon à partir de son savoir, de son expérience, de sa connaissance de l'histoire du droit du travail, de sa culture philosophique, de sa connaissance du terrain, des courants de pensées concernant le travail, l'être humain, l'entreprise, la société et l'éthique. S'il n'est pas le pilote, il est d'une certaine manière, avec le droit du travail, l'un des phares qui éclairent la voie et évitent les sorties de route.

10- Le temps, un incontournable.

En 1601, James Lancaster conduit une expérience de diététique appliquée lors d'une expédition aux Indes orientales. Il veut lutter contre le scorbut qui tue alors plus de marins que batailles, naufrages et accidents réunis. Il fait boire aux marins de son navire trois cuillers de jus de citron chaque jour. Succès ! En 1704, James Lind réitère l'expérience. Succès ! Il faudra néanmoins attendre 1795 pour que la marine de guerre de Sa Majesté britannique adopte le jus d'agrume pour vaincre le scorbut sur ses vaisseaux. Alors « Patience » !

Pour qu'elle évolue, la raison humaine a besoin de temps, ce n'est pas nouveau ! *« Rien de grand ne se fait tout d'un coup ; puisque ni même le raisin, ni même la figue ne naissent subitement. Si tu me dis à présent : "Je veux une figue", je te répondrai : Il faut du temps ; laisse d'abord le figuier fleurir, puis naître le fruit, enfin laisse-le mûrir. Ce n'est pas subitement et en une heure que le fruit du figuier vient à maturité et tu voudrais acquérir si vite et si facilement le fruit de la raison humaine ? »* (Épictète. 1er siècle apr. JC).

Il est donc important de partir tôt dans la résolution d'un problème si l'on veut éviter de travailler dans l'urgence. Privilégier le rapport au temps plus qu'aux dogmes, aux aprioris et à la gloire personnelle, c'est le courage de celui qui agit dès maintenant pour un résultat et des honneurs dont il ne bénéficiera peut-être pas lui-même.

Si tout le monde joue bien sa partition, dans la durée et ensemble, il sera relativement facile de mettre en place une organisation et une gestion des richesses humaines basées sur « la démarche compétence » dans un jeu gagnant/gagnant.
« Ne montez pas les marches de l'escalier quatre à quatre car vous serez obligés de les remonter une à une » (Cocteau).

Les temps sont multiples et toutes les horloges ne tournent pas au même rythme[94]. Il y a le temps mécanique *(chronos)* qui se mesure sur nos montres et nos agendas, et le temps de l'occasion opportune *(kairos)*, le moment à saisir pour construire et tenter de nouveaux projets. C'est par les combats du quotidien que les grandes innovations et les grandes avancées se réalisent.

***

Comme nous venons de le voir, les acteurs sont nombreux et chacun doit jouer sa partition avec compétence, persévérance et courage. Il est évident, mais pas facile à gérer, qu'ils doivent tous travailler ensemble, chacun avec sa spécialité, sa mission, et en se respectant mutuellement. Certes, chacun a ses lunettes, sa sensibilité, ses objectifs, mais tous doivent se sentir contributeurs au bien commun, et en l'occurrence, au service du développement des femmes et des hommes qui travaillent et de la performance de l'entreprise ou de l'administration au service de leurs clients.

---

94 « Les temps du temps », *Responsables,* n°412, juillet-août 2011.

Conclusion :
Une mutation à portée de main.

Il est urgent de mettre ou remettre chacun en position de donner le meilleur de lui- même, autant pour lui que pour les autres. Dans cette optique, il s'agit de mettre en place des organisations qui tournent résolument le dos à toute parcellisation du travail, au concept de poste de travail, unité de base de l'OST (Organisation Scientifique du Travail), habituellement appelée Taylorisme – on devrait plutôt dire Fordisme – qui lie production de masse et consommation de masse. C'est en ce sens que « la démarche compétence » proposée ici s'oppose radicalement à la logique de poste. Ainsi, les progressions professionnelles vont accompagner la maîtrise de compétences de plus en plus élaborées et complètes, couvrant tous les domaines d'un métier : techniques mais aussi relationnels, économiques, organisationnels, administratifs, contrôles, qualité, formation, sécurité, environnement, traitement de l'information... Toutes les activités s'inscrivent dans le cadre d'un fonctionnement collectif, ce qui implique la combinaison de compétences individuelles et par voie de conséquence la création de compétences collectives. Cela conduit clairement à affirmer que la personne n'est pas affectée étroitement à un poste ou un outil de travail mais qu'elle est membre d'un collectif qui prend en charge la réalisation d'une étape de l'élaboration d'un produit ou d'un service. Elle est reconnue pour les compétences et toutes les potentialités dont elle a fait la preuve et l'organisation du travail s'adapte pour les utiliser au mieux, le système de classification et de rémunération en tient compte de façon équitable et cohérente.

La démarche compétence est basée sur des principes qui concernent à la fois la gouvernance, le management, l'organisation du travail, la formation, la rémunération, le parcours professionnel des personnes. Elle prend en compte une certaine conception de l'être humain, du travail, de l'être humain au travail, de l'entreprise, de l'administration et de leurs finalités. Elle permet de satisfaire au mieux tous les acteurs que sont le client, le propriétaire, l'actionnaire, le salarié, l'encadrement, le fournisseur, le sous-traitant, le contribuable, la cité, la société. La « démarche compétence » fait un pari sur les hommes et les femmes et sur leur place dans la stratégie de l'entreprise ou de l'administration, à moyen et long terme. Sa mise en œuvre doit être prospective et systémique car tout se tient.

Le potentiel humain que certains, pour être plus percutants préfèrent appeler « capital humain » car elle est la principale richesse de l'entreprise, devrait figurer à l'actif du bilan, tout au moins dans ses annexes. Lors des transactions achat / vente d'une entreprise, l'évaluation de ce « capital humain » est en effet parfois compris dans le « goodwill ». Alors la formation ne sera plus considérée comme un coût mais comme un investissement. Ce pourrait être un premier pas vers une évolution de la prise en compte dans l'entreprise, au-delà des apporteurs de capitaux, des différentes parties prenantes dont notamment les salariés, et donner ainsi une consistance juridique au concept de « Responsabilité Sociale ».

POSTFACE

Le grand intérêt du livre de Guy Jayne est de lier la nécessité de modifier en profondeur le mode de management des entreprises et des administrations avec celle consistant à faire face aux enjeux planétaires liés à la période que nous traversons. D'où le sous-titre – que l'on pourra *a priori* trouver étrange – de son livre.

Son plaidoyer, sur le plan éthique, est simple : remettre l'homme au centre de l'organisation du travail. Parce que trop souvent le collaborateur est considéré comme un moyen au service de l'organisation celle-ci étant elle-même au service d'une finalité qui, souvent, est d'abord d'ordre financier.

Remettre l'homme au service de l'entreprise ou de l'administration, c'est l'organiser en fonction des compétences qu'elle rassemble et faire grandir à la fois cette somme de compétences individuelles et la compétence collective qui en résulte. Guy Jayne l'explique en praticien qu'il a été durant des années. C'est l'essentiel de la « démarche compétence » qu'il expose dans son livre.

Mais son propos va plus loin, beaucoup plus loin. Mettre l'homme au centre de l'entreprise, c'est non seulement l'organiser en conséquence, mais c'est également donner à chacune des différentes parties prenantes le rôle qui devrait être le sien dans une organisation qui serait véritablement au service d'un projet humain. Aux côtés des représentants des investisseurs, les salariés et leurs représentants devraient donc pouvoir jouer leur rôle, tout leur rôle, ce qui n'est pas le cas si l'on s'en tient au cadre institutionnel actuel des activités économiques.

Et c'est mettre l'organisation – entreprise, association ou service public – au service d'un projet plus large qui tienne compte des incidences de son activité sur le devenir de la planète. On sait quelles sont les conséquences des activités humaines sur le climat et sur la biodiversité, quels sont les problèmes qui nous attendent en termes de disponibilités d'énergies et de matériaux ou de traitement des déchets issus de l'activité industrielle. Mettre l'organisation au service de l'homme, c'est également s'en préoccuper.

Maintenir à la terre son caractère vivable pour l'humanité n'est pas seulement une responsabilité des pouvoirs publics. Seuls, il sont impuissants, quels que soient les discours qu'ils mettent en avant. C'est aussi la responsabilité de chacun d'entre nous et de chacune des entreprises, grandes et petites, où se concentre son activité industrieuse.

Guy Jayne se situe ainsi bien au-delà des « techniques de management » qui se succèdent à coup de trompettes médiatiques sans rien changer d'essentiel parce qu'elles sont à courte vue. La démarche compétence qu'il nous expose est à la fois pragmatique et nourrie de son expérience de terrain et au plus haut point ambitieuse parce que c'est de ce que sera le monde de demain qu'il nous parle. D'où son sous-titre : « *dernière crise ? Non ! Dernière chance ? Peut-être !* ».

Hubert Landier
Secrétaire général de l'ACIM
Vice-président de l'Institut international de l'audit social
Professeur émérite à l'Académie du travail et des relations sociales de la Fédération de Russie

ANNEXES

1 – Un témoignage : L'histoire du petit pocheur en quatre virages.

Le problème : c'était une aciérie d'environ 600 personnes. Les pontiers qui assurent la manutention étaient en grève et de ce fait, toute l'usine était bloquée. Nous étions une trentaine, la salle était presque pleine et l'atmosphère tendue. Tous attendaient nerveusement que la direction fasse des propositions. Bernard, le directeur du site, m'avait demandé de les aider. La « démarche compétence » pouvait-elle être une voie pour sortir de ces tensions sociales à répétition ?

« *Moi je suis pocheur* » dit Marcel.

Il répondait à cette question inattendue que j'avais suggérée à Yves, son chef de service :

« *D'après vous, quel est votre métier ?* »

« *Pocheur ? Ce n'est pas un métier, rétorquèrent aussitôt ses camarades d'atelier. Si tu racontes ça chez toi, dans ta famille, à ta belle-sœur, à tes amis, à tes enfants, à des journalistes... pour qui vont-ils te prendre ? Pour quelqu'un qui passe sa vie au boulot les mains dans les poches ? Pocheur, ce n'est pas un métier* », reprirent-ils à la fois inquiets et goguenards.

Ce fut le **premier virage** dans cette déjà longue discussion.

Marcel n'était pas très à l'aise. Pourquoi avait-il pris la parole ? Il était là avec ses camarades, le chef de service et le chef d'atelier, autour de la table, pour trouver une solution à la grève des conducteurs de ponts roulants. Les pontiers, ouvriers d'un faible niveau de qualification, assuraient les manutentions dans les ateliers de l'aciérie. Ce n'était pas son problème à lui, Marcel. Mais la question était si simple et la réponse si évidente pour lui qu'elle avait jailli spontanément. Son poste, c'était « pocheur ». Il lui fallait maintenant reprendre la parole.

« *Ben les gars, c'est bien mon métier. "La poche", c'est bien mon boulot. Et puis d'ailleurs ce n'est pas évident. Avec mes deux cent cinquante tonnes de métal liquide quand elle est pleine, suspendue au bout du crochet du pont roulant... Vous voyez le travail si elle perce... Une fuite de métal liquide tombant en pluie sur vos têtes! La contrôler, la réparer, la reconstruire avec des briques réfractaires impeccables, c'est bien mon boulot, non?* »

Ses camarades étaient bien d'accord avec lui. Son poste c'était bien « la poche » et ce n'était pas rien. De la qualité de son travail dépendait leur sécurité et aussi la qualité du métal fondu transporté à plus de 1 600 degrés, à vingt mètres de hauteur.

« *Mais tu ne peux pas raconter ça à l'extérieur de l'usine. "Pocheur", ça ne veut rien dire pour eux. C'est ton boulot, d'accord, mais pour eux, ce n'est pas un métier.* »

Excédé par la descente en flamme du travail qui faisait sa fierté, Marcel répliqua vivement.

« *Et vous donc, qu'est-ce que vous faites comme métier alors? AODistes[95]? Pontier? Oxycoupeur? Pupitreur...? Qu'est-ce que vous racontez chez vous?* »

La question était véhémente et pertinente. Quel était donc leur métier? La réponse ne vint pas immédiatement. Il y eut même un temps de silence assez long pendant lequel les regards se croisèrent. Qui allait répondre? Finalement Pierre, le pupitreur, proposa, comme si c'était une évidence :

« *Aciéristes. Nous, nous sommes des aciéristes.* »

---

[95] AOD (Affinage, Oxygène, Dégazage). Affinage de l'acier liquide par dégazage sous oxygène.

Et tous de reprendre en chœur :

« *Ah ben oui, aciéristes. Ça, nous pouvons le dire à l'extérieur de l'usine, dans nos familles, à nos amis. Aciéristes, ça ils peuvent comprendre.* »

Marcel, le petit « pocheur » ne semblait pas complètement convaincu. Il paraissait même plutôt inquiet.

« *Aciéristes, aciéristes, d'accord, ça fait bien. Mais si nous disons que nous sommes aciéristes, cela voudrait dire que nous savons tout faire dans l'aciérie. Il faudrait être au moins ingénieur pour y arriver.* »

« *Ne t'inquiète pas, reprit aussitôt Jacques avec un peu de malice, c'est les seuls qui n'y arriveront jamais !* »

Manifestement les cadres n'étaient pas vus comme des hommes de terrain proches de leurs problèmes.

L'ambiance commençait à se détendre. Un sourire prudent se dessina au coin des lèvres d'Yves, le chef de service, et de son chef d'atelier Christian. Ils commençaient à se sentir plus à l'aise. Mais comment allaient-ils sortir de cette grève à répétition ? Le problème n'était pas nouveau et il fallait une fois de plus le traiter.

L'aciérie comprenait trois grands ateliers organisés de façon très rationnelle en différents postes de travail. Dans le premier atelier, vaste parc de matières premières de différentes qualités, on préparait les charges de métal brut comprenant des ferrailles recyclées et des métaux purs. Dans le second, l'atelier d'élaboration, la fusion des matières premières se faisait dans d'énormes fours électriques. Après élimination des impuretés par traitement chimique et évaporation sous vide, le métal liquide à plus de 1600 degrés, une fois sa composition bien réglée, passait dans le troisième atelier où on le coulait sous forme de brames, énormes barres de section rectangulaire, qui sortaient comme par enchantement et sans interruption de la coulée continue.

Dans chacun de ces ateliers, un pont roulant de plus de 300 tonnes, conduit par un pontier, assurait la manutention aérienne des charges de ferrailles, puis des poches de métal liquide, et enfin des brames fraîchement solidifiées mais encore brûlantes. On aura compris que ces auxiliaires du processus de fabrication avaient un rôle capital car ils assuraient le transport des différents produits dans chaque atelier et d'un atelier à l'autre. L'arrêt des ponts signifiait l'arrêt de toute la fabrication.

Cette aciérie d'aciers inoxydables marchait en continu, vingt-quatre heures sur vingt-quatre, sept jours sur sept. Cinq équipes d'ouvriers se relayaient nuit et jour pour assurer la production. Les brames ainsi produites étaient livrées à des usines qui les transformaient par laminage à chaud, puis à froid, en grandes couronnes de tôles brillantes pour devenir enfin casseroles, tambours de machine à laver, éviers de cuisine, panneaux d'ascenseurs ou grandes cuves de camions rutilants, à moins qu'elles ne deviennent aiguilles de seringues hypodermiques. L'aciérie est le point de départ d'un long processus pour fabriquer en fin de parcours de beaux produits que tout le monde connaît bien. Les hommes des aciéries ont toujours été fiers de cette activité mythique, ancestrale et difficile.

Mais les pontiers manifestement n'étaient pas contents. Tous les ans, voire tous les six mois, ils descendaient de leurs ponts roulants et bloquaient les trois ateliers. Quinze personnes seulement, soit les cinq équipes de trois pontiers, immobilisaient la totalité de l'aciérie. La direction, bien qu'agacée par ce qu'elle qualifiait d'abus de pouvoir, s'empressait néanmoins de les remettre au travail en leur accordant quelque augmentation de salaire ou prime de « travail en hauteur » ou autre petit avantage. Elle espérait chaque fois que ce serait la dernière grève. Hélas, régulièrement, depuis quelques temps, le conflit se renouvelait, créant de plus en plus de difficultés de gestion. Ces pontiers étaient arrivés, au fil de ces négociations peu orthodoxes, à être mieux payés que certains opérateurs qui occupaient des postes nettement plus qualifiés que les leurs.

La réunion au cours de laquelle Marcel, le petit pocheur, faisait preuve de tant de bon sens et de courage avait pour but de trouver enfin une solution durable et si possible, définitive. A mon instigation, Yves, le chef de service, et Christian, le chef d'atelier, se demandèrent quelles pouvaient être les motivations au travail de leurs pontiers. Le diagnostic était sévère. Ils les jugeaient sans motivation et incapables d'évolution. Rien ne les intéressait dans l'aciérie. « Ils sont au taquet, ils sont incapables de faire autre chose » disaient-ils. Et pourtant ils étaient indispensables. Yves et Christian estimaient même qu'il leur fallait un certain doigté qui n'était pas donné à tout le monde et qu'il leur fallait l'exercer régulièrement pour ne pas le perdre. Ce savoir-faire, ils l'avaient acquis pour la plupart d'entre eux depuis plus de quinze ans et ils en avaient encore peut-être pour dix ans, jusqu'à la retraite, si rien ne changeait d'ici là. Ils prirent subitement conscience que leurs pontiers manutentionnaires ne pouvaient pas se motiver pour un travail aussi monotone qu'ils faisaient depuis si longtemps et qui offrait si peu de chance d'évolution professionnelle. Ils n'étaient pas motivés par leur travail, certes, mais ils avaient tout de même une motivation, c'était évident, et elle portait ses fruits : « Quel bon prétexte allons-nous trouver pour nous mettre en grève et obtenir une augmentation de salaire ? »

Il fallait donc créer pour ces éternels mécontents d'autres motifs d'action qui les incitent plus à travailler qu'à se mettre en grève. Mais comment ? Pouvait-on imaginer, au moins pour certains d'entre eux, des activités complémentaires qui auraient permis de justifier une légère évolution professionnelle ? Pouvait-on, ne serait-ce que modestement, faire évoluer leur façon de travailler pour sortir de cette « logique de poste » qui jusqu'à ce jour n'avait jamais été remise en cause et qui d'ailleurs avait fait ses preuves ?

Yves et Christian ne voyaient pas bien comment en sortir. « *Nous avons divisé logiquement notre aciérie en postes de travail. Comme à chaque trou il faut une cheville, il faut bien qu'à chaque poste il y ait une personne compétente* », disaient-ils non sans raison.

Assumant complètement leur responsabilité de production et de gestion de leur personnel, ils sentaient bien qu'ils devaient inventer une nouvelle façon de travailler, socialement plus acceptable et aussi industriellement plus efficace car la concurrence était de plus en plus pressante. Ils avaient bien pensé enrichir les postes avec des activités annexes comme de petits travaux d'entretien. Ils avaient pensé aussi développer la polyvalence de certains opérateurs. Mais seraient-ils capables d'être polyvalents ? De plus les possibilités étaient limitées, tout au moins avec l'organisation du travail telle qu'ils l'avaient vécue et maintenue jusqu'à présent.

C'est sur la base de ces réflexions, certes audacieuses mais un peu courtes, qu'Yves et Christian eurent envie d'en parler ouvertement avec les pontiers grévistes, et en ma présence, mais aussi avec tous leurs camarades non-grévistes qui attendaient, comme d'habitude, que les chefs trouvent la solution pour reprendre le travail. Il fallait aussi consulter les partenaires sociaux dont certains cherchaient honnêtement une solution plus originale que la classique et insuffisante augmentation de salaire. C'est ainsi que commença l'histoire de Marcel le petit « pocheur » qui n'avait rien demandé à personne.

« *Oui, c'est bien vrai, nous pourrions dire que nous sommes des aciéristes, mais il faudrait pouvoir justifier cette appellation.* » Mais comment ? se demandait le petit pocheur.

C'est à ce moment de la réunion que nous abordâmes le **second virage**. L'un des pontiers grévistes, Lionel, s'adressant à Marcel, lui dit, très sérieux. « *Moi j'aimerais bien apprendre ce que tu fais avec ta poche.* »

Avant que Marcel n'ait pu lui répondre, Marius, l'un des « Aodistes », poste alors le plus qualifié dans l'aciérie, lança, rigolard, à Lionel le pontier.

« *Eh bien, ça te ferait bien du bien de descendre de ton pont pour voir comment ça se passe sur le plancher !* »

Mais aussitôt Jean le reprit :

« *Oui, d'accord, c'est bien beau qu'il descende sur le plancher mais qui conduira le pont pendant ce temps ?* »

Marius, dans sa rapidité narquoise d'opérateur surdoué, n'y avait pas réfléchi.

« *Euh... et bien... c'est nous qui prendrons sa place pendant le temps où il sera sur le plancher en train d'apprendre le maniement de la poche.* »

« *C'est une bonne idée,* reprit Marcel. *Et toi, Marius, tu m'apprendras ton boulot, ça me changera un peu de ma routine.* »

Nous venions d'aborder le **troisième virage** qui allait nous conduire à la bonne solution. Les opérateurs venaient de suggérer qu'ils pouvaient tous, quel que soit leur niveau, changer de poste entre eux pour se former mutuellement. Si Yves et Christian étaient d'accord, et ils l'étaient, tous ces postes de travail allaient progressivement se fondre dans un seul et vrai métier, celui d'aciériste. Cela supposait d'aller bien au-delà d'une simple addition de compétences techniques. Il faudrait s'organiser entre opérateurs. Il faudrait être capable de former les camarades. Il faudrait aussi, bien sûr, que l'aciérie marche au moins aussi bien qu'avant. Si seulement il n'y avait plus de grève, ce serait déjà ça de gagné !

Le **quatrième virage**, avant la dernière ligne droite, fut négocié dans la foulée avec la direction et les partenaires sociaux du site pour la mise en œuvre du plan d'action.

Un an après.

Un an après je revins analyser avec tous les acteurs les résultats de ce changement profond d'organisation et de gestion des ressources humaines consécutifs à la dernière grève des pontiers.

La rencontre avec Marcel, Marius, Lionel, Jacques, Jean, Pierre et quelques autres, hors de la présence de leur hiérarchie, donna à peu près ceci :

— Alors cette nouvelle organisation, qu'en pensez-vous ?

— Eh bien, ce n'est pas si mal… C'est même très bien.

— Au début, certains ont eu peur qu'on leur demande de tout apprendre, tout de suite, et que s'ils n'y arrivaient pas on les mette sur la touche. En fait chacun va à son rythme et il n'y a pas trop de problèmes.

— Il faut dire aussi que le travail est moins monotone. On peut changer de poste. Nous discutons entre nous. Nous nous passons mutuellement nos savoir-faire, nos trucs. On apprend à apprendre. On comprend mieux les contraintes des autres. Chacun se forme et forme les copains. Nous parlons d'ailleurs de moins en moins de postes, mais plutôt d'emplois ou de fonctions d'aciériste. Nous faisons aussi la maintenance de premier niveau de nos installations avec des agents de maintenance qui font maintenant partie intégrante de nos équipes. En plus de nos compétences individuelles nous avons une véritable compétence de groupe.

— Et puis avec l'accroissement des compétences et l'évolution de l'organisation du travail, dans l'ensemble, le salaire a suivi. Les chefs ont tenu leur promesse. Il y en a même qui ont changé de classification, en particulier d'anciens pontiers. Il n'y a plus besoin d'attendre qu'il y en ait un qui parte à la retraite ou qui casse sa pipe pour avoir une promotion.

— Il faut dire aussi, vous savez, ça arrange bien notre hiérarchie cette nouvelle façon de travailler. Ils passent moins de temps sur notre dos. Il y a beaucoup de questions que nous réglons tout seuls.

Tout cela n'était-il pas un peu trop beau. La hiérarchie n'avait-elle pas été un peu laxiste pour acheter la paix sociale ? Je demandai :

— Alors, certains d'entre vous sont capables de tenir correctement plusieurs postes de travail ?

— Oui, bien sûr, répondit Marcel le petit pocheur. J'ai appris le maniement de la poche à Lionel le pontier. Moi j'apprends à conduire l'AOD, enfin ça c'est un peu plus compliqué. Mais Marius connaît bien son boulot et ça lui plaît bien de m'apprendre. Lui, je crois, il travaille aussi avec un technicien et Christian, le chef d'atelier, pour améliorer la productivité de l'AOD.

— Mais comment faites-vous pour garder vos compétences ? Il faut que vous alliez régulièrement sur tous les postes de travail que vous avez appris à tenir. Il n'y en a pas qui se réservent les meilleurs postes, en laissant les moins intéressants aux autres, aux plus jeunes ou aux moins entreprenants ?

— Vous, on voit bien que vous avez été patron. Au début le chef d'atelier faisait des tableaux de rotation pour nous obliger à changer de poste toutes les semaines pour que chacun de nous garde la main sur tous les outils qu'il avait appris à conduire. Mais ça, c'est dépassé, on ne parle plus de postes mais d'outils et nous nous débrouillons tous seuls. Nous nous entendons entre nous. Même pour prendre nos congés, nous nous organisons sans le chef. Et puis nous tenons notre tableau de bord grâce au microordinateur mis à notre disposition.

J'étais heureux de voir que cette usine semblait bien quitter progressivement la « logique de poste » pour se mettre sur la voie de la « démarche compétence », alliant performance, fiabilité humaine et sociale. Mais il fallait creuser encore un peu pour m'en assurer. J'allai en parler avec Christian le chef d'atelier.

— Dites donc, vos gars ont l'air d'être contents de la nouvelle organisation. Et vous qu'en pensez-vous ?

— Au début j'ai bien cru que j'allais disjoncter. A la place de toutes les fiches d'analyses de postes que nous avions, qui d'ailleurs n'étaient jamais à jour, nous avons rédigé avec les opérateurs un seul référentiel de compétence. Il m'a fallu rencontrer tous mes gars, un par un, pour faire le point avec eux, savoir ce qu'ils avaient fait depuis le début de leur vie professionnelle, éventuellement hors de l'entreprise – et j'ai fait des découvertes, ce qu'ils avaient envie de faire, programmer des formations, imaginer comment mettre des opérateurs en double pour qu'ils se forment mutuellement. Il a fallu répondre à leurs questions sur les coûts des matières, des énergies, des pannes, des accidents, sur la constitution des coûts salariaux. Ils m'ont obligé à aller bien au-delà de mes compétences techniques qui étaient l'essentiel de mon job. Et puis, je ne pouvais pas mettre tout le monde en formation. Il y en avait aussi qui avaient peur, d'autres qui de toute façon ont peu de moyens. Comment ne pas les décourager, leur redonner confiance ? Et tout ça tout en assurant la production, en qualité, en quantité et aussi, bien sûr, en coût. Heureusement qu'Yves, le chef de service, et Anne, la responsable des ressources humaines, m'ont bien aidé. Je faisais le point régulièrement avec eux. J'ai même pu avoir un petit sureffectif pendant quelques mois... malgré les réticences du directeur.

— Et maintenant ?

— Maintenant, je suis le plus heureux des chefs d'atelier, reprit Christian. Même, avec moins de personnes j'ai moins de problèmes qu'avec l'ancienne organisation. Mes gars sont contents, enfin la plupart. Nous avons formé de vraies équipes solidaires, plus responsables et beaucoup plus autonomes. On a créé un véritable plus collectif. Tenez, un petit détail encore. J'ai plusieurs chasseurs dans mes équipes. Eh bien c'est la première année qu'ils font l'ouverture ensemble. Ce ne sont pas des poly-compétents que j'ai, mais bien des aciéristes ! La pluri-compétence, en fait, l'approche globale du métier donne de la souplesse. Je n'ai plus de problème pour trouver des remplaçants quand il y a des absents ; ils s'arrangent entre eux.

— Et la production ?

— Il y a eu quelques loupés au départ, mais c'est bien reparti. Nous avons de plus en plus de groupes de progrès qui utilisent les outils de la qualité totale. Ils font d'excellentes propositions. Nous avons même battu notre record de production cette année. Ce qui est bien, c'est que, au-delà de l'impact financier sur les rémunérations, notre directeur a marqué le coup. Tout le personnel a eu une cocotte-minute en cadeau. C'est sympa, mais c'est aussi un petit clin d'œil pour tout le monde. La cocotte est fabriquée avec notre métal. La fierté ! C'est aussi un objet qui permet d'aller plus vite pour faire la cuisine et en même temps d'économiser de l'énergie... Vous comprenez ?...

— Mais alors, vous, en tant que chef d'atelier, vous n'avez plus grand chose à faire. Vous n'avez pas peur pour votre emploi ?

— Oh que non ! Pour moi aussi le contenu de ma fonction a changé. Je fais moins de technique mais je passe beaucoup plus de temps à m'occuper de mes gars. Comment leur permettre de faire ce qu'ils savent faire, comment les faire grandir - Plus qu'un bon technicien, Christian était aussi un fin psychologue - Je travaille aussi beaucoup plus avec mon chef de service et mes techniciens pour préparer l'avenir. Et comme vous le savez, notre avenir n'est pas garanti. J'ai une meilleure connaissance des coûts. Je suis plus manager que technicien. J'ai le sentiment de faire partie d'une équipe de direction locale dans mon atelier avec mon chef de service, mes techniciens. J'y fais participer mes gars en fonction des sujets traités et de leurs compétences.

Sur le chemin du retour en allant vers le parking, après cette journée que je me promettais de raconter souvent, je vis Marcel le petit pocheur.

— Bonsoir Marcel, à un de ces jours. Au fait, quel est votre métier maintenant ?

— Aciériste ! répondit-il dans un grand éclat de rire, avec la même spontanéité qu'il avait répondu « pocheur » quelques mois plus tôt.

— Si vous voulez, vous pouvez m'inviter dans d'autres usines pour que je leur raconte l'histoire du petit pocheur. Chez moi, ils la connaissent par cœur.

Il fut effectivement souvent sollicité, lui, plus que les pontiers, pour exposer cette histoire sans prétention mais très éclairante. Les pontiers y avaient trouvé leur compte certes, mais n'y avaient-ils pas perdu un certain sentiment d'appartenance ? La fraternité du petit groupe des pontiers, les exclus de l'aciérie, avait disparu.

Cette histoire, souvent racontée[96], résume une expérience vécue en 1991, un an après la signature au niveau national de l'accord A CAP 2000[97] avec la CFDT, la CGT FO, la CFTC et la CFE-CGC. Cette aciérie a vécu bien d'autres péripéties mais ses performances se sont régulièrement améliorées

---

96 Enjeux-les Echos n°164, décembre 2000.
97 A CAP 2000 : Accord « Acier, Conduite de l'Activité Professionnelle » signé avec la CFDT, FO, la CFTC et la CFE CGC en 1990. (Le fond de cet accord s'inspire de l'expérience de la Société Métallurgique d'Imphy dans la Nièvre, initiée dans les années 70).

et pendant plus de dix ans, elle n'a plus connu de grève des pontiers. Le poste d'ailleurs, en tant que tel, a disparu, les ponts ne sont que des outils parmi d'autres. Les compétences correspondantes font partie de l'ensemble des compétences requises par le métier d'aciériste. Le référentiel des compétences qui a été rédigé avec les opérateurs a ouvert de larges possibilités d'évolution. Au-delà des compétences techniques habituelles, d'autres compétences ont été mises en œuvre dans cette aciérie : compétences relatives à tout ce qui touche aux relations entre personnes, aux coûts de production, à l'organisation du travail, à la sécurité des personnes, à la qualité, aux actions de progrès, à l'environnement. La plupart des opérateurs se sont trouvés mieux armés pour évoluer et affronter l'avenir, dans ou hors de leur entreprise, par choix personnel ou par nécessité. Les aciéries, comme n'importe quelle entreprise, ne sont pas éternelles.

15 ans après.

Grâce aux records de production battus régulièrement chaque année, la fermeture de ce site a été différée pendant plus de dix ans ; néanmoins, mal placé géographiquement et non intégré dans un ensemble industriel plus complet, cet établissement a dû être finalement arrêté. Aujourd'hui il n'existe donc plus, mais cette fermeture préparée avec le personnel et ses représentants s'est effectuée sans heurt majeur, chacun à sa place jouant son rôle. Dans ce cas extrême, la « démarche compétence » a été un atout certain par rapport à l'ancienne « logique de poste », socialement pour le personnel et économiquement pour l'entreprise. L'augmentation et la diversification des compétences des salariés avaient amélioré grandement l'employabilité des personnes qui de ce fait, sauf exception, n'ont pas eu de problème important de réemploi. Un tel déroulement social et industriel dans un contexte aussi difficile, n'aurait jamais pu se produire de cette manière dans une « logique de poste ».

Cette histoire racontée par eux pour le journal Enjeux-les Echos, BFM et la Cegos leur valut le Trophée « Management & Compétences » en décembre 2000. Trois mois avant la fermeture, cette usine fut victime d'un débordement du Rhône sur la rive duquel elle se trouvait. Tout le personnel mit son point d'honneur à remettre rapidement l'établissement en ordre de marche pour honorer les dernières commandes de leurs clients, quelques semaines avant son arrêt définitif.

2 – Association Condorcet pour l'Innovation Managériale

Président : Michel Meunier. Président d'honneur : Francis Mer.
Secrétaire général : Hubert Landier.
Trésorier : Bernard Merck.

En référence à Condorcet, à l'initiative de Francis Mer, nous nous sommes engagés sous l'égide de la Fondation puis de l'Association Condorcet ACIM (Association Condorcet pour l'Innovation Managériale) à proposer des formes de management et d'organisation des entreprises et des administrations centrées sur les femmes et les hommes qui y travaillent. La démarche proposée, la « **démarche compétence** » implique la valorisation de ce qu'on appelle dans le langage courant « le capital humain », premier facteur de performance et d'agilité pour les entreprises et les administrations et de satisfaction pour tous les acteurs dont principalement les salariés. Cette démarche, devenue urgente compte tenu de l'émergence de crises de plus en plus graves, est un des atouts majeurs pour affronter avec succès les problèmes économiques, sociaux, sociétaux, écologiques, démographiques voire démocratiques qui s'amplifient très dangereusement.

A Condorcet ACIM nous proposons aux entreprises, aux administrations, aux syndicats, au gouvernement une réflexion sur ces sujets ainsi que sur des approches concrètes pour une mise en œuvre rapide et efficace de cette nécessaire transformation. Au-delà des discours mobilisateurs, il importe que le cadre dans lequel les entreprises et les administrations évoluent les y incite profondément.

Pour y parvenir **nous suggérons que le « capital humain »** et l'élévation du niveau des compétences individuelles et collectives, grâce à la formation, à l'expérience et à l'organisation du travail, soient valorisés au bilan des entreprises. **Alors la formation sera considérée comme un investissement et non comme un coût.** Nous souhaitons faire connaître des pistes de travail et de mise en œuvre qui nous semblent simples, novatrices et performantes pour aller dans ce sens.

Ce chantier, ouvert simultanément aux réformes sur la formation professionnelle, l'apprentissage et les entreprises à mission, devrait constituer un signal fort et mobilisateur. Tous les acteurs concernés et intéressés pourraient s'y associer.

Condorcet ACIM dispose, pour les chefs d'entreprise, d'un référentiel – reconnu par l'Institut international de l'audit social – afin d'évaluer l'état des lieux et les progrès réalisés. Des membres de l'association ont produit un certain nombre d'ouvrages pratiques et documentés, sur la conduite du changement, sur la démarche compétence, sur les évolutions sociales, sociétales, écologiques, pour accompagner les entreprises et les administrations qui souhaitent, dans l'urgence, engager leur mutation.

Pourquoi Condorcet ?

Passant du Condorcet du XVIIIe à Condorcet au XXIe, nous voulons incarner son esprit, ses idées et ses recommandations résumés en quelques mots dans les derniers conseils, véritable supplique, qu'il écrit pour sa fille juste avant de mourir.

« *Il n'y a pas de spectacle plus affligeant que celui d'un talent méprisé ou négligé, que celui d'un homme que tourmente le sentiment de n'avoir pas rempli sa propre mesure.*

L'éthique cartésienne commande à chacun de trouver des voies grâce auxquelles il pourra, au moment d'une mort toujours possible, compter sa propre vie avec la certitude d'avoir fait toujours tout ce qu'il pouvait faire afin de se la rendre à lui-même présentable. Fais en sorte que ta vie, en ce qui dépend de ton libre arbitre, soit toujours présentable à tes propres yeux. Se cultiver soi-même est la seule manière de se supporter et d'estimer les autres ».

Prenant appui sur la vision de Condorcet nous souhaitons faire connaître nos convictions étayées par l'expérience et le témoignage de tous ceux qui mettent en œuvre les principes qui sont à la base de leur succès, et accompagner ceux qui décident de s'engager dans cette démarche.

3 – Références :

Guy Jayne, *Organisation et logique compétence. Osons travailler autrement !*, préface de Francis Mer, Editions de l'Atelier. 2012.

Référentiel ACIM, 2019.

Hubert Landier, *Renaissance. Réinventer le travail, réinventer l'entreprise, une urgence pour préserver l'humanité*, préface de Francis Mer, Editions L'Harmattan, col. Raisonance, 2018.

Michèle Millot et **Jean-Pol Rouleau**, *Des entreprises à la pointe. Nouvelles attentes des salariés, nouvelles solutions*, préface de Pierre Bellon, Editioins Maxima, 2018.

Olivier du Roy, *Changer. Pratique et méthodes pour le changement dans les organisations,* préface de Philippe Darmayan, Editions L'Harmattan. 2018.